1价格力

用1%的力量撬动利润与规模双增长

滕浩明——著

清华大学出版社

北京

图书在版编目（CIP）数据

价格力：用1%的力量撬动利润与规模双增长 / 滕浩明著.
北京：清华大学出版社，2025. 4. -- ISBN 978-7-302-68897-6

Ⅰ. F275.4

中国国家版本馆 CIP 数据核字第 2025YJ5917 号

责任编辑：宋冬雪
封面设计：青牛文化
版式设计：张　姿
责任校对：王荣静
责任印制：刘海龙

出版发行：清华大学出版社
　　　　　网　　　址：https://www.tup.com.cn，https://www.wqxuetang.com
　　　　　地　　　址：北京清华大学学研大厦 A 座　　邮　　编：100084
　　　　　社 总 机：010-83470000　　　　　　邮　　购：010-62786544
　　　　　投稿与读者服务：010-62776969, c-service@tup.tsinghua.edu.cn
　　　　　质 量 反 馈：010-62772015, zhiliang@tup.tsinghua.edu.cn
印 装 者：大厂回族自治县彩虹印刷有限公司
经　　销：全国新华书店
开　　本：148mm×210mm　　印　张：8　　字　　数：178 千字
版　　次：2025 年 6 月第 1 版　　印　次：2025 年 6 月第 1 次印刷
定　　价：65.00 元

产品编号：111612-01

献给追寻梦想的同路人

解锁价格管理的"制胜密码"——为浩明新书而作

在当今复杂多变的商业环境中，价格管理如同一把双刃剑，既能助力企业披荆斩棘，也可能让企业因操作不当陷入困境。浩明的新书为那些渴望掌握这个利器的读者提供了一份详尽的指南。当浩明带着他的新书找到我时，我满心感慨，那些我们在京东一同奋斗的日子仿佛就在昨天。

翻开这本书，就像打开了价格管理的宝典。浩明从实战出发，系统地阐述了企业搭建价格管理体系的要点。他强调，企业必须先明确自身战略方向——是价值领先还是成本领先，再设定分阶段目标，制定兼顾供需两端的价格策略。在产品价格体系设计上，他倡导精准把握市场需求，对客户和产品进行分类分层，运用合适的定价方法，并设置价格围栏。书中还特别指出，产品定价要综合考量成本、客户和竞争三个核心要素，结合实际情况选择恰当的定价方法。这些内容不仅填补了国内价格管理领域的空白，更为从业者提供了极具价值的实战指导。

浩明的这本书，不仅关注价格管理的理论与实践，还为从业者的职业发展提供了全方位的关怀。他为行业新人指明成长方向，为资深从业者提供新的职业发展思路。这种全方位的视角在同类书中实属罕见。无论你是企业高层、电商平台店主、产品经理，还是在大厂价格管理部门深耕的专业人士，甚至是刚对价格管理产生兴趣的学生，这本书都值得一读。

我与浩明的缘分始于京东。那时京东智能供应链 Y 事业部正处在探索前行的关键阶段。浩明毅然从广州奔赴北京，加入平台价格运营部。初来乍到，他就像一股新鲜血液注入价格业务线。在每周的例会上，他的汇报总能让人眼前一亮。他能把复杂的价格业务用生动活泼的方式呈现出来，让非专业的同事也能明白价格组工作的重要性。当时，京东在电商行业率先设立平台级的价格策略和运营组织，提出"价格体验"理念，这在行业内是开创性的举动。然而，新事物的推进并不容易，"价格力"在内部推广时阻力重重。但浩明毫无怨言，一头扎进工作里，从推动价格体验项目，到在"涅槃项目"中扛起价格策略的重任，他始终干劲十足，眼里有光。

浩明的这本书中的理论框架和实证案例，可以在价格管理的道路上为大家带来很多启发。每家企业的价格管理策略和路径都不同，希望这些启发能让价格管理这项工作从复杂变得简单，从简单变成艺术。

林琛

原京东集团副总裁、智能供应链 Y 事业部负责人

2025 年 3 月 12 日

价格力——用 1% 的力量撬动利润与规模双增长

探索价格管理的深度与广度

在当今竞争激烈的商业世界，价格管理是企业发展和赢取市场的关键一环。浩明的这本著作，凝聚着他多年的心血，对企业和价格管理从业者而言，价值非凡，有着宝贵的实用价值。

我与浩明相识于 2017 年末 2018 年初，当时健合集团作为知名的合生元品牌母公司正处于快速扩张阶段。集团刚收购澳大利亚营养品的国宝品牌 Swisse（斯维诗），致力于从本土婴幼儿营养业务向全球综合高端营养业务转型升级，全力拓展全球业务版图。但业务的迅猛发展带来诸多挑战，其中全球价格体系的整合迫在眉睫。不同国家和地区在新品上市计划、产品分销体系以及价格体系方面差异巨大，如何协调这些因素，实现从单个市场最优到集团整体最优的转变，成为摆在我们面前的难题。

浩明加入集团总部后，勇挑重担，成立全球价格部门。他从设置跨地区相同产品系列的毛利率底线管控入手，在年度调价方案中，凭借专业的分析和清晰的思路，牵头梳理并推动方案在管理层顺利通过；随后，又以 Swisse 全球热销产品系列为突破口，重新梳理新品上市跨国价差形成机制。这一系列举措有效平衡了代购对各国市场的冲击，为集团价格体系的优化和稳定立下汗马功劳。在日常工作中，我见证了他扎实的专业功底、敏锐的商业洞察力和出色的执行能力，他对价格管理的热情和专注令人钦佩。

离开健合集团后，浩明并未停下探索的脚步，而是将多年积累的跨行业实战经验和智慧，尽数化作这本书。

这本书在国内价格管理领域独树一帜。当下市场上的相关书籍存在诸多不足，大多论述过于宏观抽象，与实际商业场景脱节，无法为从业者提供切实可行的指导。浩明则紧密贴合国内商业环境实际情况，以丰富的实战经验为支撑，对价格管理的各个层面进行了鞭辟入里的剖析。

书中，浩明深入挖掘了价格管理的核心要义。他指出，企业构建价格管理体系，战略选择是基石。确定价值领先或成本领先战略，就如同为企业指明方向。企业要依循战略规划分阶段目标，制定兼顾供需两侧的价格策略。而且，这一策略不能只停留在纸面上，要在日常运营中切实落地，并通过定期复盘不断优化升级。

在产品价格体系设计方面，浩明倡导深入挖掘市场需求的多样性，细致划分客户需求与产品服务层次，精准匹配定价方法，巧妙设置价格围栏，构建稳固的价格防线。产品定价时，要全面权衡成本、客户与竞争这三大关键因素，根据不同市场场景，灵活选用成本加成、客户价值评估、竞争导向定价等方法，精准锚定产品价格。同时，他着重提醒企业，要注重供给端成本控制与价格管理的协同发展，抓住线上化转型和产品差异化的时代机遇，持续完善价格管理体系。

这本书恰似一盏熠熠生辉的明灯，在价格管理的道路上为来者照亮前行的方向，帮助你在实际工作或学习中收获新的思路与方法。

　　衷心希望大家都能走进浩明的价格管理世界，从中汲取成长的养分。期待更多人能读到这本书，从中受益，并将所学的理论和方法运用到各自的商业运营中助力业务长期持续发展。

王亦东

健合集团执行董事兼首席财务官、首席运营官

2025 年 3 月 20 日于英国伦敦

只有见过价格管理的整座冰山，才能找到价格杠杆的支点

十年前，我从经营管理投身商品价格管理领域，一路走到今天。职业生涯中，我有幸在不同企业负责了众多价格管理项目，这些项目横跨 B2B 与 B2C、工业品与快消品、甲方与乙方、品牌与零售、传统零售与电商平台等多个行业领域。项目类型丰富多样，从价格管理体系搭建，到产品价格体系优化，再到具体产品的定价策略，我都曾亲身参与。每一次项目结束后，我都会复盘总结，十年的一线价格管理经验笔记，最终成为这本书的内容基础。

近年来，电商行业蓬勃发展，拼多多等平台凭借低价策略迅速崛起，使得价格管理的重要性和影响力愈发突显。各大电商平台见状纷纷效仿，将"低价"奉为核心战略。在存量市场竞争日益激烈的背景下，行业呈现强渠道弱产品的态势，作为销售渠道的电商平台一度掌握了产品定价话语权。这使得产品型企业亟待提高体系化的价格管理能力。

尽管市场上已有不少关于价格管理的书籍，但大多存在一定局限性：要么内容过于零散，难以形成系统；要么过于宏观宽泛，缺乏实操性。价格管理就像一座冰山，人们所能看到的只是冰山一角，而真正的危机和问题往往隐藏在水面之下。只有亲身经历过价格管理变革项目的人，才能深刻理解科学的价格管理远非仅

仅解决一个价格竞争力问题、提升促销 ROI 问题或者定价等问题。单点解决某个问题时，往往需要配套解决冰山下涉及价格管理的一整套体系问题。例如，拼多多低价的背后，绝非简单的"百亿补贴"，更涉及平台对商家的价格内卷机制、公司内部的组织形式、员工的激励机制，以及管理者对市场供需关系的深刻洞察。

现代企业管理思想的不断发展，促使企业分工中不同岗位的职责日益细化，职场人往往难以具备全局视野，只能看到冰山一角。价格管理被分解为比价、定价、促销等不同模块，从业者若未经历过从 0 到 1 的完整体系化商品价格管理建设，便难以全局性处理价格管理问题。"头痛医头，脚痛医脚"成了普遍现象，许多产品型企业甚至未设置专门的价格管理岗位。而我因较早进入价格管理领域并持续深耕，有幸成为国内早期亲身参与不同行业领域价格管理全局工作的人，这一独特经历使我拥有了更全面的视角和更扎实的实践基础。

2024 年，我拥有了更多思考和沉淀的时间。看到书桌上堆放的价格管理书籍资料，我意识到结合跨行业的实战经验写一本关于国内商品价格管理实践的书，既是对自己职业生涯的阶段性总结，也是对行业的贡献。于是，我花了近半年时间精心打磨出了这部书稿。

希望这本书能助力产品型企业中价格管理相关人员看清价格管理全貌，更好地开展工作，也期望读者可以结合企业实际，将书中内容转化为推动企业发展、实现共赢的有力武器。欢迎各位读者朋友在公众号"价格研究社"（pricingstudy）与我互动交流，分享见解。最后，感谢您翻开这本书。

滕浩明

2024 年 12 月，广州

目录

引言

以正确的方式卷价格，实现规模与利润双增长

价格作为一种快速响应的营销工具，在商业实践中，"低价"策略常常成为市场新进者打开局面的首选，可谓"简单、粗暴却有效"。在存量市场环境下，企业为争夺消费者钱包份额，纷纷陷入价格竞争的"内卷"。价格竞争如市场经济洪流中的自然法则，不可避免，企业间价格战此起彼伏。

哪吒汽车创始人张勇曾坦言，未深度参与2023年新能源汽车"价格战"，致其销量下滑16%。无论企业经营者愿不愿意，"价格战"一旦开启，都必须回应，不回应也是一种回应，且都有相应后果。相比被动卷入价格战、看着市场份额被蚕食，企业应主动出击，争取战略调整空间。

良好的价格管理不仅是企业应对外部竞争的必要手段，更是实现盈利目标的内在需求。不参与价格战可能导致市场份额流失，不当的价格决策则会削弱企业的盈利能力，甚至关乎企业的生死存亡。面对价格战，企业面临两难选择：战，或许尚有一线生机；不战，则可能面临淘汰。

疯狂的价格内卷

产品型企业的"价格战"

太阳底下没有新鲜事！谈到产品型企业间的"价格战"，长虹

电视和格兰仕微波炉是两个很有代表性的案例。1996年，它们分别在彩电和微波炉领域掀起"价格战"，其策略成为市场竞争策略研究的经典范例。

1996年的中国彩电市场格局分化明显，高端市场被国外品牌尤其是日本品牌主导，低端市场则是众多分散的国产品牌。国产品牌虽质量与进口品牌相当，但进口品牌凭借品牌影响力，价格高出国产品牌20%以上。市场格局原本稳定，然而，随着进口关税降低以及国外品牌在中国本土建厂，国产品牌生存压力骤增。在此背景下，长虹作为国内彩电产业链完整、规模大、利润丰厚的厂商，敏锐察觉到危机。经过深入的内外部分析，于1996年3月26日打响彩电"价格战"第一枪，对17英寸至29英寸彩电降价8%～18%，整体降幅10%，约900元。据《创新定价》数据，数月后，长虹电视市场份额从16.68%升至31.64%，部分小产品型企业因扛不住价格战压力退出市场。同年4月，前100大百货商场中销售的国产彩电品牌从59家减至42家，年销量低于20万台的小品牌彩电市场份额降超15个百分点（图0.1）。到1996年底，国产彩电市场份额从36%升至60%，而此前占据市场主导地位的进口与合资品牌市场份额一度达64%。长虹的"价格战"既淘汰了部分低效、迟缓的国产品牌，又从外资品牌手中夺得了大量市场份额，提升了竞争力，可谓"一箭双雕"。

图0.1　长虹彩电价格战"清退"小型品牌

同年，微波炉品牌格兰仕管理层经讨论，8月起对关键型号产品降价40%。据《创新定价》数据，到1996年底，格兰仕微波炉国内市场占有率从25%升至34.5%，销量翻倍。1997年10月至2000年10月，格兰仕又发起四次"价格战"，市场份额升至70%。2003年，包括格兰仕在内的三大微波炉品牌占据超90%市场份额，与1996年"价格战"前120余家企业的市场格局形成鲜明对比。截至2023年，格兰仕成为全球销量第一的微波炉品牌。

2024年3月28日，小米汽车SU7发布，部分网友剪辑对比了国内新能源汽车品牌高管在SU7价格公布前后的表情变化，引发关注和讨论，深刻反映出近年来中国新能源汽车品牌间价格竞争的激烈态势。据报道，2024年4月，国内新能源汽车市场车型级别的降价次数超2023年全年总和。4月21日，特斯拉官网宣布下调Model 3/Y/S/X全系车型售价，Model Y起售价从26.39万元降至24.99万元，降幅为5.3%。同时，小鹏汽车推5亿元限时购车补贴，曾表示不参与"价格战"的理想汽车也在4月22日调整价格。然而，降价潮下，不同新能源汽车产品型企业称面临"亏本买卖"困境。华为智能汽车解决方案BU董事长余承东指出，30万元以下车型普遍亏损。乘联会2023年数据显示，国内新能源车市场前十大厂商市场集中度（CR10）仅73%，与燃油车市场CR10超过90%的集中度形成对比。这表明新能源汽车领域，数百家中小车企与行业"大牌"激烈争夺有限市场空间，以"价格战"为开端的市场淘汰战已悄然开启。

电商平台的价格竞争

谈到电商平台的价格竞争，拼多多无疑是焦点。根据其2023

年全年业绩报告，拼多多营业收入与净利润均同比增长 90%，表现抢眼。自 2015 年 9 月上线后，拼多多发展迅猛，2023 年 9 月市值一度超越阿里巴巴，引发广泛关注，迫使阿里管理层回应。其"低价螺旋"策略不仅影响了众多产品型企业与商家，也加剧了电商行业的竞争。各大电商平台纷纷将提升商品价格竞争力作为经营重点，"价格战"硝烟弥漫（图 0.2）。

 "全宇宙最低价！！！"

图 0.2　2024 年电商巨头们的"口头禅"

抖音电商将"价格力"视为 2024 年核心战略，组建专业团队并调整流量分配机制，以提升商品价格竞争力。尽管 2024 年 7 月抖音电商将策略微调，将 GMV（商品交易总额）置于首位，但并未放弃价格竞争。

淘宝宣布升级价格力竞争体系，2024 年 2 月 4 日至 28 日，陆续取消部分非消费者强比价心智商品的五星价格力比价。这实际是价格竞争力运营精细化升级，同时计划将淘宝特价版部分商家和商品迁回淘宝，引入"高性价"商品提升价格竞争力。

京东在价格竞争方面表现突出。京东早在 2006 年就与新蛋展开"价格战"，2010 年向当当和亚马逊中国发起图书市场挑战，推出低至四折封顶促销活动，2012 年又与苏宁、国美爆发"价格战"。2024 年，京东再次展现价格竞争实力。4 月 17 日，京喜自营启动"比拼价"活动，承诺价格低于其他平台，还推出"买贵双倍赔"措施；4 月 25 日，京东百亿补贴频道推出"买美妆，赠大牌"促销活动，用户可自行选择赠品；7月，京东宣布每月17日晚8点至19日零点推出"京东超级18"促销活动。

不仅国内电商平台动作频频，一直宣称价格"不卷"的跨境电商平台也在暗中布局，重金招聘人才、组建价格策略与运营团队，力求在出海赛道上抢占先机。

实现盈利增长的捷径

下面再来看几则电商行业的公司报道：

- 2023年11月，成立于2014年的每日优鲜在烧光100多亿元投资后从美国纳斯达克退市。

- 前置仓模式头部企业叮咚买菜在2023年财报中披露，公司2023年全年实现扭亏为盈。与此同时，近期因"正常业务调整"，关闭了广州及深圳近38个站点。业内人士分析，此调整目的旨在进一步巩固盈利。

- 2024年3月，美团在一场电话会议中回应美团优选亏损问题，表示2024年会进行战略调整以减少经营亏损。

这些新闻揭示了企业单纯依赖巨额补贴抢占市场的策略正在失效。在资本市场趋于谨慎的背景下，企业不得不重新审视并回归理性、务实的盈利轨道。

那么，企业如何实现盈利增长？有捷径吗？

在鲍勃·费福尔的《提高利润的78个方法》中，超过半数的策略聚焦于成本削减，而与价格调整直接相关的仅9项。管理层普遍更关注成本控制及销量增长，原因有二：一是价格管理理论体系抽象，难以迅速把握；二是价格变动对消费者行为及经营环节影响复杂。例如，面对"若价格下调20%，需增加多少销售量才能维持原利润水平"的问题，多数人直觉认为销量需同步提升20%，但实际所需增长幅度远超此预期。

国际知名价格管理专家赫尔曼·西蒙在其著作《价格管理理论与实践》中，通过一张图展示了价格管理各环节相互交织、相互影响的关系（图 0.3），这种复杂性正是企业价格管理实践需要专业人士介入的关键原因。

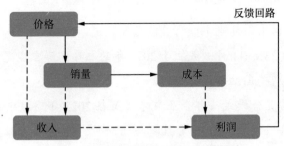

图 0.3　价格管理变量间相互作用链路

我们用一个例子来比较价格、成本（分为固定成本与变动成本）以及销量对利润的影响程度。

利润 = 收入 − 成本 =（价格 × 销量）− 成本，将成本分为变动成本与固定成本后，利润公式调整为：

利润 =（价格 × 销量）−（变动成本 × 销量）− 固定成本

　　 =（价格 − 变动成本）× 销量 − 固定成本

假设某产品型企业以 10 元 / 件销售 10 万件商品，单位变动成本为 6 元 / 件，固定生产成本 20 万元，此时销售收入为 100 万元，利润为 20 万元。假设价格、变动成本、固定成本以及销量在其他因素不变的情况下，分别朝着有利于企业利润增长的方向（价格提高、成本降低、销量提高）变化 1%，对利润变化的影响如表0.1 所示。

　　价格力——用 1% 的力量撬动利润与规模双增长

表 0.1 利润影响因素变化 1% 对利润影响

项目	利润影响因素		利润		利润变化幅度
	变化前	变化后	变化前	变化后	
价格（元）	10.00	10.10	20万	21万	5.0%
变动成本（元）	6.00	5.94	20万	20.6万	3.0%
固定成本（元）	20万	19.8万	20万	20.2万	1.0%
销量	10万	10.1万	20万	20.4万	2.0%

从表中可清晰看到，价格提高相较于其他因素，对利润提升的影响更大。价格提升 1%，利润增长 5%。相反，价格降低对利润的负面影响也最大。

回到"如果将价格降低 20%，企业需要多出售多少单位的产品才能取得与之前相同的利润"这个问题。沿用上述示例条件，价格为 10 元 / 件时利润为 20 万元，当价格下降 20% 变为 8 元 / 件时，假设变动成本与固定成本不变，将各条件代入利润公式：20万元=（8-6）×销量-20万元，计算可得，销量需达到20万件才能维持 20 万元利润不变，即销量要从 10 万件增加到 20 万件，涨幅为 100%（图 0.4）。

"如果将价格降低20%，企业需要多出售多少单位的产品才能取得与之前相同的利润？"

"销量增长100%！"

图 0.4 降价 20% 需要 100% 销量增长维持利润

上述示例中利润与各影响因素的变动关系是简化设想，实际商业运作中，某一因素变动会牵动其他因素变化。比如，水果价格上涨，消费者可能会减少购买量或选择其他水果替代，这体现了价格到利润作用过程的复杂性。

尽管存在复杂性和不确定性，但相比其他因素，价格管理仍是实现利润提升的相对直接有效的途径。不同行业及企业价格管理对利润的具体量化影响，需根据所在行业与企业的实际数据预估。《麦肯锡定价》（原书第 2 版）的作者研究全球 1200 家大型上市企业 5 年期经营数据后，得出与示例相似的结论："定价无疑是企业影响其盈利的最大杠杆"，全球 1200 家企业各利润影响因素杠杆如图 0.5 所示。

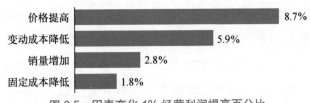

图 0.5　因素变化 1% 经营利润提高百分比

图片来源：《麦肯锡定价》P4。

昔日各行各业中的"独角兽"企业凭借补贴策略迅速扩张，但在资本环境趋紧的背景下，必须回归盈利轨道。然而，企业管理层往往低估价格调整对利润增长的杠杆效应，而将过多精力投入成本削减和销售增长策略。

无论是理论假设的对比分析，还是麦肯锡对全球 1200 家上市企业的研究结论，都表明价格调整的"1% 的力量"，即通过合理价格策略实现盈利增长，是更直接高效的途径。

既然价格竞争不可避免且对企业利润至关重要，那么采用何种方法进行价格管理才能实现规模与利润的双增长？本书将探讨七个核心问题，系统性阐述产品型企业如何通过价格管理达成这一目标。

问题 1：如何搭建企业价格管理体系？

问题 2：如何建立产品价格体系？

问题 3：如何为具体的产品定价？

问题 4：如何从供给端为价格管理提供保障？

问题 5：产品型企业如何从 0 到 1 系统性落地价格管理？

问题 6：产品型企业如何在与电商平台的价格博弈中掌握定价权？

问题 7：电商平台价格管理的发展、挑战与走向。

第 1 章

如何搭建企业价格管理体系

价格管理体系涵盖了目标、价格战略、价格策略、日常运营等多个方面（图 1.1）。

图 1.1　价格管理体系

价格管理体系如人体的"器官"与"骨骼"，其中：

价格战略与目标，犹如"头脑"，是核心驱动力，引领价格体系构建、策略制定及日常运营。

价格策略，则像"器官"，在达成目标中各司其职，确保整体功能正常。

日常运营，如同"躯干"与"四肢"，将目标与策略转化为具体执行，实现落地。

1.1　两种价格战略方向选择

价格管理战略是企业整体经营战略和目标在价格领域的细化与延伸，它构成了价格管理的核心框架与指导原则，指引价格管理体系各部分的发展。企业在经营中需明确价格管理战略定位，主要有两大类别。

价值领先战略（高附加值战略）：聚焦于提升产品或服务的使用价值与情感价值，不以成本为定价出发点。实施这一战略的企业常走高端、差异化路线，如奢侈品牌，通过高定价筛选用户群体，即使面向少数消费者，也能因卓越体验和高端定位实现高利润。例如，2023年国内汽车市场降价潮中，保时捷单车均价98.05万元，利润17.62万元，远超众多国内品牌整车售价。

成本领先战略（低价战略）：在确保品质的基础上，通过优化成本结构、提升运营效率实现规模增长、有效库存管理和资金高效周转，核心理念为"薄利多销"。该战略下，企业注重成本核算和快速响应竞争对手价格变动，提供高性价比、标准化产品或服务。沃尔玛和小米生态链部分企业为该战略的杰出实践者。

价格战略随企业整体经营战略调整而变化。例如，比亚迪从亲民价格战略转向推出高端品牌"仰望U8"，定价109.8万元，标志着其在品牌升级上的大胆探索。

1.1.1 价格战略背后的经营逻辑

企业的盈利能力是评估其内在价值的关键。投资者期望通过资本投入获得增长与回报，常用ROA（资产收益率）来衡量公司盈利能力。ROA计算企业利润占总资产的比例，直观反映资产创造利润的效率。高ROA意味着公司盈利能力强、投资价值高，有利于吸引投资者、推动股价上涨。因此，企业运营策略与管理决策常围绕提升ROA展开，这也是制定差异化价格战略的深层逻辑。

通过拆解ROA的计算公式，可以更清晰地把握影响ROA的关键因素，为企业经营优化提供支持（图1.2）。

从图1.2中可以直观地看到：ROA可通过提高"销售利润率"或"资产周转率"来实现，这两个指标分别对应两种价格管理战略选择。

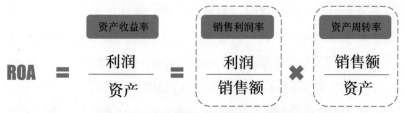

图 1.2　资产收益率过程拆解（杜邦分析）

价值领先战略注重优化销售利润率，通过提供卓越品质与差异化产品赢得客户信赖。

成本领先战略则侧重于提升资产周转率，采用"薄利多销"模式，加速库存流通，缩短资金周转周期，实现资金高效回笼与再利用。

1.1.2　成本领先战略企业的"价格主张"

在当前的存量市场环境下，成本领先战略备受瞩目。沃尔玛、亚马逊和小米集团等国内外杰出企业，自创立之初便明确实施"成本领先"价格战略。这一战略不仅深刻变革了各自行业，还重塑了行业格局。凭借对成本领先战略的坚守与执行，这些企业已成为行业领军者。

沃尔玛自1962年创立以来，一直是美国零售业的巨头，其创始人山姆·沃尔顿的自传成为零售领域的经典。2023年，沃尔玛再度荣登《财富》世界500强企业榜首，实现四连冠，彰显其行业领先地位和稳健发展。

亚马逊成立于1994年，2024年4月29日的市值已达1.87万亿美元，是阿里巴巴同期的10倍。在2023年《财富》世界500强中排名第四，其创始人杰夫·贝索斯的"亚马逊增长飞轮"理论，成为企业界学习的典范，也启发了中国互联网企业——美团的创始人王兴。王兴甚至在美团内部提出"猛学亚马逊"的口号，鼓励员工借鉴亚马逊的管理理念和创新实践，推动美团发展。

小米集团由雷军于 2010 年创立，2019 年入选《财富》世界 500 强，被誉为"最年轻的世界 500 强"。此后，小米持续强劲增长，连续五年上榜，2023 年位列第 360 位。2024 年 3 月，小米发布汽车 SU7，在新能源汽车行业引发关注，预示着小米将在该市场扮演更重要角色，搅动并重塑行业。

图 1.3 具体概括了这些企业的"价格主张"，充分体现了成本领先战略选择作为"头脑"的强大影响力和深远意义。

Walmart ※ Save money. Live better.	amazon	
沃尔玛的定价原则	**亚马逊的价格信条**	**小米集团的定价原则**
• "天天低价"原则，即"坚持每一件商品都要比其他店铺便宜"，提倡低成本、低费用结构、低价格，让利给顾客的经营思想；顾客相信自己的价格不会因为频繁的促销而变动。 • 平价服务原则，为顾客提供超值的服务，才是平价的精髓所在。平价服务具体体现在三个方面：日落原则、向顾客提供比满意更满意的服务、十步原则。	• 我们通过全系列产品始终如一的低价来向顾客提供价值。 • 我们定价的首要目标是赢得顾客信任，而不是优化短期利润。我们把它当作一条信仰并坚信这样能使长期利润最大化。 • 先涨价，再满减的行为，在亚马逊视同对消费者的欺诈。 • 如果供应商的利益和消费者的利益相互冲突，应遵从消费者利益，亚马逊拥有调价权，供应商不能插手。	• 始终坚持做"感动人心，价格厚道"的好产品；让全球每个人都能享受科技带来的美好生活。 • 小米硬件的综合净利润率，永远不会超过5%。如有超出的部分，将超出部分全部返还给用户。

图 1.3 沃尔玛、亚马逊与小米的价格主张

注：以上信息综合参考官网、相关书籍以及媒体报道。
1. 日落原则是沃尔玛公司的标准准则，指的是今日的工作必须在今日日落之前完成，对于顾客的服务要求要在当天予以满足，做到日清日结，决不延误，不管要求是来自小乡镇的普通顾客，还是来自繁华商业区的阔佬。
2. 十步原则：即无论何时，只要顾客出现在自己的十步距离范围内，员工就必须看着顾客的眼睛，主动打招呼，并询问是否需要帮忙。

1.2 一个终极目标与三个分阶段目标

实现盈利是企业经营的终极目标，价格管理策略旨在长期内

最大化企业利润。然而，企业发展阶段不同，价格管理目标也随之变化。

在初期市场拓展阶段，企业首要目标是提升市场份额，价格管理部门聚焦于提高访购率、销售量等关键指标，以价格策略吸引用户购买，促进市场转化与规模扩张。

中期阶段，价格管理目标转向提升用户复购率和价格满意度，通过增强用户黏性，促进销售量和销售额的双重增长。此阶段，价格成为提升用户忠诚度的关键因素之一。

长期目标则侧重于引导用户购买更高价值的产品，基于良好的购物体验，提升毛利及价格NPS（净推荐值）。这一过程中，价格管理目标层层递进，从"开始买"到"买更多"，再到"买更贵"，体现了从短期规模影响到长期利润影响的转变。

图1.4展示了企业不同成长阶段价格管理目标的演变，强调短、中、长期目标之间的递进性。高质量发展企业聚焦于毛利及价格NPS，同时重视访购率、复购率等过程性指标，前一阶段的结果指标常在下一阶段成为过程指标。

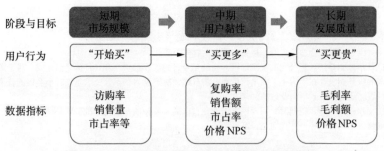

图1.4 企业不同发展阶段的价格管理目标与指标

价格管理战略作为顶层设计，为管理体系指明方向，具有相对稳定性。不同发展阶段的价格管理目标则因市场环境、企业整体经营策略调整等因素而变动，但始终在价格管理战略框架内进行。无论是价值领先还是成本领先战略，其价格管理目标均随企业发展阶段调整。

此外，价格管理策略、运营及组织设置与价格管理战略之间既保持一致性，又需根据实际情况灵活调整，以适应市场变化和企业需求，体现了"相对稳定性"与"变动性"的并存。

1.3　不同发展阶段的策略打法

策略是为实现目标而制定的一系列行动方针和斗争方法。价格管理策略由价格管理目标决定，并可根据对象的不同分为狭义和广义两类。

狭义价格策略主要关注消费者需求端的价格层面，包括定价、变价（如比价跟价、促销）、佣金（电商平台按销售额比例收取的服务费）及价格体验策略。产品型企业主导定价，销售渠道在此基础上灵活调整。价格策略可细化为多种目的性策略，如价格竞争策略，通过比价跟价、促销等手段实现。以价格竞争策略为例，其实践路径多样，可单纯实行比价跟价策略，也可将比价跟价、促销、渠道激励等策略融合成策略组合，如图1.5所示。

在起步阶段，企业常采用快速落地的变价策略，以低价、促销等方式吸引用户或防御竞争对手。产品型企业通过精细化分类产品线、布局分销渠道等方式展现价格策略，零售商则通过细化产品和用户分类与分层、设计促销活动来体现差异化。

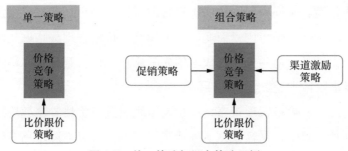

图 1.5　单一策略与组合策略示例

广义价格策略依据供需分析动态调整，包括消费者需求端的销售价调整以及采购供给端的采购价补贴。当商品供不应求或吸引力不足时，企业可提高采购价或发放补贴来激励供给方。例如，产品型企业为优先获取紧缺原料会提供采购价补贴；跨境电商平台为吸引商家将产品备货至海外仓，会按商品品类以件为单位给予运费补贴。

从策略层面看，价格是一种激励手段，通过销售价格影响需求端，通过采购价格影响供给端。狭义价格策略主要关注需求端，广义价格策略则兼顾供需两端，像一只"看不见的手"，对供需双方在购买、生产以及销售等行为上发挥调节作用。

行业、企业及产品如同生命体，遵循生命周期规律。根据产品生命周期（Product Life Cycle，PLC）理论，产品发展分为四个核心阶段：引入期、成长期、成熟期和衰退期。不同阶段企业需实施相适应的价格管理策略。

图 1.6 从收入、利润及价格点三个角度展示了不同生命阶段产品经营指标的变化趋势。

引入期，解决消费者潜在需求的新产品面市，此时市场几乎没有直接竞争对手，但大众消费者对该产品陌生且持观望态度。

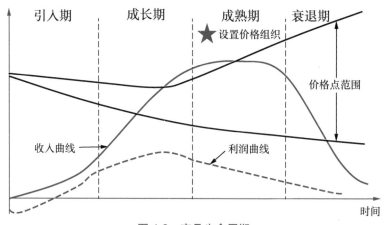

图 1.6　产品生命周期

企业需要投入大量资金用于宣传推广和促销，还要说服分销商帮忙推广，以此吸引消费者尝试。在这个阶段，产品的经营指标通常是收入少、利润低甚至出现亏损。引入期的消费者主要分为两类：一类是新品爱好者，他们热衷于尝试新事物，是产品的"种子用户"，乐于提出想法并传播口碑。就像小米手机早期获得"米粉"的支持，"米粉"还会为产品功能迭代提供建议。不过新品爱好者购买力有限，企业会推出低价或免费的试用版（部分试用后需退还），要注意试用版价格不同于正式售价，当然高收入的新品爱好者则另当别论；另一类是远见型消费者，他们关注产品解决特定问题的能力，愿意为创新功能付费，对价格敏感度较低。在引入期，企业有较大的定价自主权，对于创新程度高的新产品可采用交换价值模型进行定价分析，微创新、小迭代的产品则多运用联合分析方法挖掘客户需求价值。上述价格分析方法将在后续章节详细介绍。

成长期，随着市场认知加深，竞争参与者增多。企业需加大品牌建设和分销渠道激励投入，稳固市场地位。同时，产品迭代加速，成本降低，收入快速增长，利润达到巅峰，但定价策略灵活性减弱。因为产品只是进行微创新迭代，消费者对产品已经有一定熟悉度，常采用联合分析方法进行定价分析。新竞争者的进入，使得产品价格普遍下降，但部分追求高价值的消费者仍然愿意为原创产品支付更高价格。

成熟期，产品制造技术和生产工艺高度成熟，行业壁垒减弱，市场竞争激烈。企业需通过价格管理在巩固市场份额的同时，防止利润下滑。此时，价格设定依赖于市场供需关系，适合应用需求价格弹性分析。许多企业会在这个阶段组建专门的价格管理部门应对挑战。

衰退期，新技术或替代品涌现，消费者需求降低，销售额下滑，竞争对手纷纷撤离。企业有退出和强化两种策略，选择退出的企业不再投入产品更新资源，而是降价清理库存，转投新产品的生产与销售。拼多多早期大量低成本商品便源于生产商或经销商清理库存之举。退出企业往往寻求被收购，选择强化策略的企业则依靠技术或规模优势，并购退出企业以扩大规模。衰退期产品价格一般会下降，但部分高价值、差异化产品可能因供给减少而价格上扬。

图 1.6 中两条线之间界定的"价格点范围"代表了行业内价格差异现状，由竞争对手数量和产品差异化程度决定。引入期若只有一家企业销售产品，定价权由该企业掌控，呈现单一特征；随着竞争者增加和产品功能细分多样化，产品体系和价格定位多样，价格点范围逐步拓宽。

表 1.1 提供了产品不同生命周期阶段特点的详细对比信息。

表 1.1　产品各生命周期特点

阶段	经营表现	竞对数量	分析方法	价格趋势
引入期	销量低 利润少或亏损	无或少	交换价值分析 联合分析	高定价+试用促销
成长期	销售快速增长 利润高	增多	联合分析	高定价但有所下降+ 低频促销
成熟期	销售规模稳定 利润下降	数量稳定	需求价格弹性 分析	高频促销+比价跟价 价格竞争
衰退期	销售下降 利润低	减少	成本分析 财务角度决策	低价清库或 稀缺高价

根据产品生命周期各阶段特点，可通过观测销售额变动趋势精准定位行业及产品发展阶段，并采取相应价格分析策略。如图 1.6 收入曲线所示，引入期销售额缓慢上升，成长期快速增长，成熟期趋于稳定、增长动力减弱，衰退期下降。

需要注意的是，科技发展与客户需求多元化致使产品生命周期缩短，不同行业及产品各个阶段的时长各异，可能以月、年或十年为单位，此处的产品泛指同类替代品。

1.4　保障策略落地的日常运营动作

战略、目标及策略属于计划层面，运营则是保障具体策略落地和目标达成的日常具体动作。

实际上，"运营"兼具动词与名词属性。作为动词，它指机构围绕目标有组织地开展工作；作为名词，它代表执行此类工作的岗位或专业人士。随着互联网行业的发展，"运营"岗位不断细分，包括产品、内容、活动、用户、行业、商品和数据运营等。其中，价格管理运营（简称价格运营）专注于价格管理活动，岗位名称可能因企业而异，但工作性质相似，本书统一称为"价格运营"或"价格管理人员"。

价格运营的具体内容因企业分工和价格策略而异，通常包括价格策略的制定、执行与管控、定期的价格评估、日常的价格设定与维护、关键指标的监控、价格报告的编制以及其他与价格相关的各项任务等。以实施比价跟价价格竞争策略的企业为例，其价格运营工作主要有比价跟价商品选品、竞争力指标监控与报告编制、根据指标表现调整选品与比价规则、优化上下游协作流程或提出产品优化建议等，并对诸如"价优占比"（商品价格除以竞争对手价格再乘以100%所得的比率）等衡量价格竞争力的关键指标负责。根据工作量不同，这些职责可由一人承担，也可细分为多个小组，由多人协同完成。通常情况下，企业规模越大，分工越细化。

产品型企业与零售商的价格运营存在差异。产品型企业不仅研发设计产品，还常负责生产，因此需承担新品定价职责；零售商则基于产品型企业定价进行价格调整。产品型企业主要负责"定价"，零售商侧重于"变价"。如本书开篇提到的，大型零售商的崛起正挑战这一分工界限。

相较于产品型企业，零售商销售商品种类更广泛，像亚马逊、淘宝、京东等综合电商平台有大量第三方卖家。为保障平台经营秩序，零售商的价格运营团队需承担制定和维护平台价格及促销规则的职责，包括但不限于商品上架价格录入标准、促销活动资格门槛以及价格竞争机制等，确保平台交易公平规范高效。

根据2024年4月47个产品型企业（19家）与零售商（28家）

招聘网站公布的价格管理岗位职责详述，笔者结合自身在不同行业的价格管理经验，归纳总结了表 1.2 所示的价格运营核心工作内容，共六大类。除新品定价及第三方卖家价格与促销规则监管调整这两项特定职责外，其余四项基本工作内容产品型企业与零售商价格运营团队均会涉及。四项基本工作内容如下。

表 1.2　品牌厂商与零售商价格运营基本工作对比

#	内容	产品型企业	零售商
1	价格策略制定与调整	√	
2	新品定价（建议零售价、渠道分销价等）	√	
3	日常价格维护（定期回顾调价/促销价格等）	√	√
4	价格指标设计/监控/分析/报告（竞对/市场趋势/支持价格决策）	√	√
5	价格规则制定（第三方卖家价格/促销等规则）		
6	价格管理流程/机制/方法/功能优化	√	√

（1）**价格策略制定与调整**。如价格管理策略中所述，价格策略制定与调整需依据企业发展阶段的价格管理目标进行。例如，开拓市场阶段，围绕价格竞争策略刺激消费者需求；而当资本寒冬来临且市场竞争格局基本稳定之后，企业需要转入降本增效来提升盈利水平，此时的价格策略主要围绕收益提升展开，侧重刺激高利润产品销售、提高促销或价格投资的投入产出比（ROI）等收益提升策略。

（2）**日常价格维护**。包括定期价格回顾与订单层面价格调整审批。定期价格回顾按年度或半年度进行，全面审视价格体系有效性及分销渠道返利合同条款履行情况。价格管理团队根据复盘分析结果，综合考虑市场动态、成本变动及目标达成情况，适时调整价格与返利合同条款。零售商日常价格维护聚焦于比价跟价规则的持续优化、促销活动价格的设定，以及异常定价情况的及时识别与修正，确保市场价格合理有竞争力。

（3）**价格指标设计、监控、分析与报告。**该环节是价格管理的核心环节。首先要根据既定的价格管理目标构建价格指标体系，然后分析和监控这些指标，确保价格策略得到有效执行与持续优化。在这个过程中，价优占比等衡量价格竞争力的关键指标，反映了产品市场价格定位与竞争优势受产品型企业与零售商关注。根据指标敏感度、时效性及数据可获得性，报告分为日报、周报、月报等形式，为管理层决策提供依据。由于产品型企业多经营线下销售渠道，数据收集难度大、复杂度高，数据可获得性和时效性不如零售商（尤其是电商），因此产品型企业监控及报告常以周为单位，电商企业则能实现日报输出，以快速响应市场变化。

（4）**价格管理流程、机制、方法及功能优化。**该环节对提升运营效率与竞争力至关重要，这种优化改进工作适用于各个岗位。产品型企业大多借鉴"六西格玛""Kaizen（持续改善）"等精益生产思想，不定期对价格管理各个环节进行复盘和优化。零售商尤其是电商，因为面临品类繁多、价格变动频繁、数据量庞大的情况，其价格管理高度依赖产品工具，优化过程会产生大量产品功能优化建议，需要和产品、研发等团队协作落实。

为确保价格管理体系的有效性，价格管理部门需在日常运营的基础上，围绕价格管理目标构建不同时间频次及内容侧重的复盘总结机制，上面提到的价格指标的设计、分析、监控与报告等各项工作是复盘总结的主要载体。图1.7呈现了典型的价格管理体系复盘机制流程，与从价格战略定位搭建价格管理体系不同，日常复盘从运营动作起始。

图 1.7　价格管理体系复盘机制

建议以日为维度监测运营动作及过程类指标，以周为维度复盘并调整运营动作。价格策略则按月维度进行复盘，根据日常运营指标的变化以及阶段目标的达成情况来判断是否做相关调整。例如，如果数据获取条件允许，以日维度监测价格竞争商品组合或核心商品在不同销售渠道的价高商品占比、价高幅度等，保证商品价格竞争力保持在合理水平。若发现某品类或商品毛利率出现恶化趋势，就应对价格竞争策略做出调整，如缩小比价跟价的销售渠道、商品范围、调低跟价幅度或调整商品组合，同时优化有利润提升空间的商品定价等。

价格战略选择虽是长周期的发展定位，但并非一成不变，需依据行业竞争格局的变化适时调整。例如，早期的 ZARA 靠模仿时尚潮流设计和低价策略吸引消费者，发展初期快速复制流行趋势，以低价提供类似高端时尚品牌的款式，服装质量一般，面向追求时尚但购买力有限的群体。后来，ZARA 优化供应链管理和设计流程，短时间内推出大量新款以满足时尚变化需求，同时形成自身设计风格，提升产品品质和品牌形象，成为全球知名快时尚高端品牌；淘宝发展初期用低价商品拓展规模，之后因客诉率高且自身地位稳固，便开始打击假冒伪劣产品、提升产品质量、提高准入门槛，追求用户体验和价值提升。

小结

搭建企业价格管理体系首先需要明确价格管理战略，这是整个体系的核心框架和指导原则。战略方向主要分为价值领先战略和成本领先战略。价值领先战略侧重于提升产品或服务的价值，以高附加值实现高利润；成本领先战略则通过优化成本结构和提升运营效率，实现"薄利多销"。战略方向决定了产品价格体系的设计及定价的方法。

在明确战略后，企业需要设定与战略相匹配的分阶段目标，包括初期的市场拓展、中期的用户复购率提升，以及长期的引导用户购买更高价值产品的策略。这些目标会随着企业发展阶段的变化而调整。

接下来，企业要制定具体的策略，包括狭义的价格策略，如定价、变价、渠道激励等，以及广义的价格策略，涵盖供需两端的激励与补贴投入。这些策略需要根据市场环境和企业需求灵活调整。

日常运营是价格管理体系的执行层面，涉及价格策略的制定、执行、评估、监控和报告。价格运营团队负责比价跟价、促销活动、价格指标监控等，确保价格策略的有效执行和优化。

最后，企业需要建立复盘总结机制，以监测和调整价格管理战略、策略和运营动作，确保价格管理体系的有效性和适应性。

通过这样的流程，企业可以构建一个既稳定又有灵活性的价格管理体系，以适应市场变化和企业长期发展的需求。

第 2 章

如何设计产品
价格体系

价格体系如同人体的血脉，畅通且高效运转的价格体系是企业健康、可持续发展的基石。

价格体系也称价格结构，本质是反映不同情境下价格差异的体系化安排，由四大支柱构成：不同产品价差、相同产品价差、价格计量方式，以及发挥防火墙作用的价格围栏（图 2.1）。

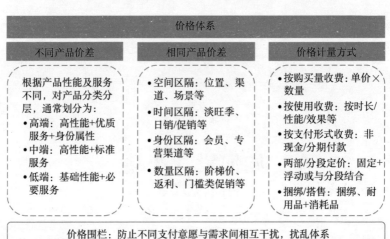

图 2.1　价格体系全景

企业价格体系设计一般先从相对宏观的不同产品价差体系切入，开展整体产品体系设计。在完成整体产品体系与价差体系布局后，再依据客户需求和应用场景，进一步细化、优化同一产品在不同条件下的价差体系。这一流程顺序体现了企业基于发展阶段的差异化需求所做的战略选择。

同一产品从生产到交付给客户，可能会经过直供终端、分销渠道等多种流通途径。每种途径都受空间、时间等因素影响，企业需要设置相应的价格体系来调节和平衡这些差异。

随着产品体系持续拓展，比如小米集团从一开始只有单一手机产品，发展到包含电视、电脑、生活用品以及汽车的多元化产品矩阵，销售模式也从线上销售延伸到线下专卖店和多级授权经销体系。产品型企业在这个过程中，价格计量方式也发生了变化，从简单的"单价乘以数量"模式，转变成更复杂且契合行业特性的差异化计费模式。图2.2展示了这一过程中价格体系的演进概况。

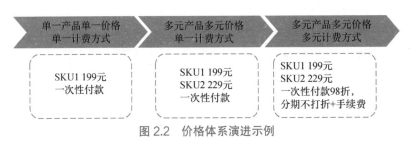

图 2.2　价格体系演进示例

2.1　根据三重价值定位设计不同产品价差体系

不同产品价差体系是企业依据不同需求层次构建的产品体系所对应的高、中、低端价格定位，也就是价格档次。企业在初创阶段，明确市场定位是首要之事，包括确定目标客户群体、满足特定市场需求、明晰客户核心诉求以及他们的支付意愿。基于这些要素，企业要搭建覆盖不同需求层次的产品体系，并设计相应的产品价差体系，这也是在许多未专设价格管理部门的企业中，产品经理承担价格管理职能的缘由。

1969年，杰克·特劳特提出"定位"理论，其目的是在信息海量、产品丰富的市场中，让消费者能迅速联想到特定品牌。该理论的核心是，当消费者有购买需求时，能首先想到某一品牌且倾向于选择它，甚至将其当作此类商品的代表，就像提到微波炉就想到格兰仕，购买家电时首先考虑京东。

定位理论在价格领域的应用体现为针对不同定位的品牌或产品制定差异化价格策略。由于价格围绕商品价值形成且有波动（图 2.3），所以在设计产品价差体系之前，首先要对商品的价值分类加以介绍。

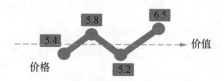

价格围绕价值波动。如何合理量化价值是定价中最核心也是最困难的部分

图 2.3　价格围绕价值波动

　　价值类型核心分为三类：功能价值、体验价值与情感价值。

　　功能价值是产品和服务必备的基础价值，即能帮客户解决具体问题或完成特定任务，如洗衣机要能洗衣服、手机要能打电话等。此类价值常通过性能与质量评估，若商品或服务由多个部分构成，其功能价值也可拆分到具体组成部分衡量，如智能手机性能可细分为处理器速度、存储容量、屏幕质量、音效及电池续航能力等。

　　体验价值注重在提供产品或服务过程中为客户营造高效、顺畅、便捷的体验，如电商平台"七天无理由退货"、游乐场免排队增值服务、品牌终身免费质保等，以提升客户使用满意度和愉悦感。

　　情感价值超越基本功能与体验，涉及客户情感层面，如身份认同与社会地位象征。身份认同是客户将产品或服务与自身身份特征相连，形成"标签"与"人设"，如穿着特定运动品牌彰显运动热情、选择明星代言服装品牌表达粉丝身份。社会地位象征则是通过产品或服务来展示个人社会声望与阶层，如法拉利等品牌是财富与地位的象征。

　　这三种价值类型相互关联，体验价值以功能价值为基础，情

　　价格力——用 1% 的力量撬动利润与规模双增长

感价值融合功能价值与体验价值。图2.4展示了三者的递进关系。企业通过对这三种价值类型的分类、分层与组合，构建产品与服务体系，即"产品矩阵"。产品矩阵间及内部不同产品的价格差异，共同构成了企业的产品价差体系。

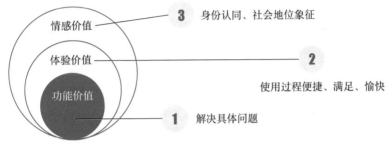

图2.4　三种价值类型及关系

　　在消费市场里，不管是C端个人还是B端企业，客户需求都呈现出多样的特点。部分客户只需满足基本性能需求，部分客户则追求更高性能、差异化和个性化的服务与体验。这种需求的差异构成了产品价值分类分层的价格结构体系的基础。按照功能、体验及情感价值的不同，同类型产品或服务在价格方面可细分为高端、中端、低端三个层次。

1. 高端价格定位

　　高端价格定位的核心在于"硬核"的产品性能与质量，这是打入高端市场的必要条件，功能价值是根基。在此之上，品牌要增强服务体验与情感价值的独特性，以满足客户更高层次的需求。高端价格定位品牌重视客户价值管理，实行价值领先的价格战略，维护品牌价值定位，价格稳定至关重要，通常很少开展打折活动。奢侈品品牌可能会通过邀请制内购为特定会员提供优惠，但会严格把控范围。大众对高端价格定位产品的认知度高，短期内需求价格弹性大。高端品牌打折会激发消费者购买热情，使销量在短期内爆发式增长。试想一下，要是羽绒服品牌"加拿大鹅"全场五折，你难道不会心动？不过这种策略对高端品牌来说是把双刃剑，打折可能会降低产品的"稀缺性"，让那些将产品视为身份地位象征的原有客户群体产生疏离感，甚至放弃该品牌或产品。

虽然价格不菲，但高端价格定位产品宣传的重点并非价格本身。高端品牌的核心竞争力在于产品的独特性和卓越的服务体验。高端品牌的销售人员形象与服务流程都要符合高标准。以高端按摩椅为例，其销售区域不会用醒目的价格标签吸引顾客，相反，着装得体的销售人员会引导顾客亲身体验产品，详细介绍功能特点，并耐心聆听顾客的使用感受。部分品牌还会定期举办"沙龙""品鉴会"等活动，加深与会员的情感联系。

高端品牌为维护其独特价值，需在产品品质、客户服务、情感价值营造方面持续投入。在奢侈品领域，这种趋势更为突出。奢侈品作为高端市场的顶端，其稀缺性和独特的身份象征是核心价值所在。因此，奢侈品品牌往往严格限制产能，以保障产品的独特性和稀缺性。当市场需求超过产能时，品牌会采用等候清单等形式管理需求。部分品牌还会对购买者进行身份评估，以强调其社会阶层属性。这种"既要有钱，又要有身份、影响力"的购买门槛，进一步提升了奢侈品的尊贵感。人类学家薇妮斯蒂·马丁在《我是个妈妈，我需要铂金包》一书中描述其在美国纽约富人聚居区上东区购买高档公寓时，住户委员会对其家庭档案进行审核与面试就体现了这种要求。

在经济低迷时期，奢侈品牌也不会靠降价促销来刺激销售，而是通过持续提升产品品质和服务水平维护品牌形象和价值。这种坚持让奢侈品牌不仅能收获高额利润回报，还赋予产品保值属性和投资价值。比如，爱马仕铂金包在二手市场的价格常常远高于原价，充分彰显了其高价值和高认可度。

总结而言，高端价格定位产品有"三高"特性：高功能价值、高体验价值、高情感价值。这些特性共同构成了高端品牌的核心竞争力，使其在市场中独树一帜，深受消费者喜爱。

2. 中端价格定位

中端价格定位品牌的核心特征是稳定的品质表现与完善的服务体验体系，同时兼顾情感价值传递，且始终贴近并服务大众市场。价格设定要让追求稳定品质和优质服务的消费群体能够承受。中端价格定位品牌的价格策略介于成本领先和价值领先之间，体现"中庸之道"。

和高端价格定位品牌不同，中端价格定位品牌更爱用特价手段吸引消费者，并将其作为重要的市场推广策略。它们长期通过电视广告等大众传媒渠道持续传播品牌价值，在大众市场建立了较高的品牌认知度。这类品牌的打折促销活动常能大幅促进销量增长，但要谨慎控制价格折扣频率，以免扰乱消费者对品牌价格定位的既有认知，出现"不打折不买"的情况。更严重的是，若中端价格定位品牌因维持高品质和卓越服务体验而承受高成本压力，又无法优化成本结构以匹配折扣价格，最终会对品牌经营利润产生负面影响，这是当前国内众多中端定位美妆品牌共同面临的挑战。

与同样面向大众市场且采用低端价格定位的品牌相比，当中端价格产品型企业因规模效应或技术进步降低成本时，通常不会直接降价，而是将成本节约带来的收益用于进一步优化产品性能。这样，厂商推出新一代产品时，价格不变或仅有小幅度调整，但性能有显著提升。中端价格产品型企业对性能提升的持续投入，不仅是对外宣传沟通的核心内容，更是吸引和赢得客户信赖的关键。以极氪001汽车为例，其2025款车型性能大幅提升，价格却与前代基本持平，这是中端价格定位品牌不倾向于直接降价，而将技术进步和成本节约用于改善产品性能的典型案例。然而，2024年8月，极氪001一年内"三代同堂"引发的风波也提醒耐用品产品型企业要把握新品迭代节奏，在技术升级和"变相降价"时，需兼顾新老用户利益，否则会影响品牌价值。

中端价格定位品牌的"中庸之道"虽受众广，但维持难度大，在市场环境中常面临双重压力：一方面，高端价格定位品牌推出"轻奢版"子品牌，会对其形成"降维打击"，向下侵蚀其市场份额；另一方面，低端价格定位品牌通过推出升级版产品和服务实现"品质上行"，会向上争夺市场份额。这解释了为何新进入者多采取极端策略，要么从低端市场以成本领先切入，要么抢占高端市场以价值领先取胜，其中"自下而上"的价格战最为常见。拼多多以低价崛起，其跨境电商平台"Temu"也以性价比为核心理念，众多企业跟进争夺下沉市场，但这并不意味着消费降级。现在的拼多多和多年前的淘宝类似：都是先以低端甚至超低端价格定位迅速占据市场份额，随后加大投入改善产品品质、提升服务质量，实现"品质上行"。其他厂商的"下沉"战略也不代表品牌定位根本改变，而是优化成本适应低价市场的方式。从长远看，人民群众对美好生活的追求不变，没人会长期选择低价低质产品，这不符合人性。

从长期市场发展规律来看，中端价格定位品牌在产品型企业和零售商中的市场份额仍将占据绝对优势。不同行业比例不同，但整体符合"正态分布"规律（图2.5）。

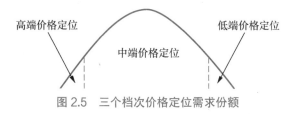

图 2.5　三个档次价格定位需求份额

3. 低端价格定位

低端价格定位也被称作"普通"或"经济型"价格定位，这里统一用"低端"来表述。采用这种策略的产品仅提供基础功能价值和必要服务，以满足消费者的基本需求。例如，廉价航空主要提供交通工具这一基本功能价值，机上餐食、行李托运服务等额外体验与服务都需额外付费。

在价格战略选择方面，低端价格定位常与成本领先战略相关联，企业需要构建与低价定位相匹配的低成本结构，通过低价"薄利多销"来提高资金流转效率。这类企业倾向于利用规模效应节省成本，并直接以降价形式回馈给客户，这样既维护了企业的低价形象，又能有效阻止潜在竞争对手进入。此外，除了规模效应，低端价格定位的品牌还全力推行全方位的低成本运营模式。总之，对成本优势的持续追求贯穿于企业经营的各个环节。据说，秉持"天天低价"理念的沃尔玛，为节省招牌制作成本，最终选择了仅有七个字母的"WALMART"作为品牌名称。亚马逊的创始人贝佐斯更是将节俭精神融入日常生活，使用门板当作办公桌，这既是对创业意志的磨砺，也是成本控制的体现。价格是低端价格定位品牌对外沟通的核心要素，多数企业会通过高频且醒目的方式不断强化其低价形象，如沃尔玛广泛传播的"天天低价"口号。

在实现方式上，低端价格定位有两条实现路径：一是在初创时构建低成本结构，以低利润持续盈利，比如沃尔玛通过在租金低廉的偏远小镇选址来降低租金成本；二是在尚未形成与低价相匹配的低成本结构时，采用亏本"补贴"的低价策略来占领市场。第二条路径更倾向于短期竞争策略，而非纯粹的低端价格定位。这类企业往往会在占据一定市场份额后，提高价格，向中端市场定位过渡，以实现盈利目标。例如，团购行业的"百团大战"和网约车市场初期的补贴大战都属于这种情况。不过，也有像亚马逊和小米这样的企业，在站稳脚跟后依然坚持低价策略。

价格档次定位并非一成不变，它会随着企业经营战略的调整而改变。不过这种调整需格外谨慎，因为建立特定价格定位需要持续且长期的投入，破坏却可能在一夜之间发生。

在整体价格档次定位的框架下，可依据性能、服务及情感价值进一步分类分层。例如，丰田品牌覆盖了从高端到大众市场的广阔范围，既有高端子品牌雷克萨斯，又有面向经济型消费者的威驰小型轿车，并且同一车型根据汽车功能与配置的差异，有着更为细致的价格划分。以威驰为例，不同配置版本的车型价格区间在7.38万元至9.48万元，充分满足了消费者对于个性化配置和价格预算的多样化需求。

2.2 按照四种区隔条件设计相同产品价差体系

相同产品价差体系是针对同一商品，根据不同条件设定不同价格的策略，旨在完善产品价差体系。这些条件，即区隔条件，主要包括空间区隔、时间区隔、身份区隔和数量区隔，只有满足特定区隔条件，消费者才能以相应价格购买商品。

2.2.1　空间区隔价差

空间区隔价差是按照空间差异为同一商品制定不同价格的标准，有狭义和广义之分。

狭义的空间区隔价差侧重于商品销售的物理空间位置差异，据此对相同商品进行差别定价。对于产品型企业和零售商，不同的物理空间位置意味着不同的销售成本与费用；对消费者来说，可能影响购物的便捷性、及时性等价值维度。这两个因素构成了空间区隔价差存在的合理性与必要性基础。例如，便利店通常位于黄金地段，每平方米门店租金高于街角超市，消费者为享受便利愿意支付更高价格，也能理解其租金成本高。类似地，肯德基、麦当劳在机场、车站等店铺的产品售价高于市区。如图2.6所示，2024年5月某日，肯德基广州白云机场某门店的"皮蛋瘦肉粥"价格为10.5元，市区门店为9元，高出市区16.7%，这便是空间区隔价差的实际体现。

图2.6　肯德基皮蛋瘦肉粥空间区隔价差

需要着重指出的是，空间区隔价差的设定必须基于消费者能够理解和接受的价差事实，即"合理溢价"。"无依据的高价"会损害企业价格信誉，进而影响企业形象。

产品型企业的分销价格体系也是空间区隔价差的一种表现形

式，因其不直接面向终端消费者，大众对其感知度较低。产品型企业按地理区域划分销售区域，如跨国企业分为亚太区、北美区、欧洲区等，国内企业分为华南、华东等大区，再进一步细化到省、地级市、县等层级，从而形成具有层级差异的分销价格体系。在该体系中，经销商覆盖区域范围与价格成反比，省级分销商价格低于地级市分销商，地级市与县级分销商可能由省级分销商供货，体现出分销层级间的价格差异。

广义的空间区隔价差是基于空间概念的应用，通过设置特定的低价或折扣"场域"，在心理层面产生有别于传统物理空间区隔的效果，在电商平台的折扣频道（如"百亿补贴""秒杀"）和产品型企业的"奥特莱斯""折扣店"等形式中表现明显。广义空间区隔价差不仅存在空间场域差异，还伴有附加条件，如"秒杀"受时间和数量限制，产品型企业线下折扣店在型号、款式、数量上有限制，品牌服装在"奥特莱斯"销售过季款式。这些场景为低价提供了理由，同时通过设置限制条件避免对整体价格体系造成冲击。

2.2.2　时间区隔价差

时间区隔价差是以时间为基准，针对同一商品制定不同价格，将时间当作需求划分的依据，不同时间段对应着不同的市场需求状况。在供给受限的情形下，供不应求的时段优先满足支付意愿高的需求方。

狭义的时间区隔价差主要应用于服务行业，尤其是总供给受限、同一时间服务能力有限的领域，通过区分时间段来定价，以此实现资源的优化配置和价值最大化。例如，景区门票在淡季和旺季价格不同、停车场按不同时间段收费、团购套餐工作日与节假日价格有别、美国和新加坡等国家的高速公路按时间段收费等。物流行业依据配送时效设置价格体系也体现了狭义时间区隔价差原理。近年来,"前置仓"和"小时达"等新型零售模式让时间区隔在划分市场需求方面更加精细深入,通过提供快速配送服务实现价格的差异化定价。不过,并非所有适用场景都会采用这种策略,政府政策干预和社会道德标准也会对其应用产生影响,比如法定节假日高速公路免费通行就是对时间区隔价差策略的反向干预。

广义的时间区隔价差体现在节日或特定日期商品促销价格与日常销售价格的差异上。以美国为例,感恩节过后,线上线下的产品型企业和零售商都会推出大量打折优惠活动,如"亚马逊黑五",国内的"618"和"双十一"也是典型代表。消费者在购物节期间能享受到更优惠的价格,零售商也会要求产品型企业提供优惠,促销价与日常销售价的差异构成了广义时间区隔价差,也可称为促销价与日销价价差。节日和特定日期为企业降价促销提供了"由头"(图2.7),也为消费者提供了购买的理由。这么优惠的价格,这么欢快的氛围,怎能不"买买买"呢?

图2.7　2024年京东与天猫"618"大促海报

2.2.3　身份区隔价差

身份区隔价差是一种依据消费者身份为同一商品设定不同价格标准的策略。狭义而言，常体现为对会员与非会员、不同年龄、特殊职业等身份特征的区分，其中会员专属价格优惠和额外权益最为普遍。消费者成为会员需要支付会员费，比如京东 PLUS 会员年费 149 元（折扣后），能享受部分商品 95 折及会员特权，淘宝天猫 88VIP 会员年费 88 元（折扣后），也有类似优惠和服务（图 2.8）。会员费会因购物金额高低而不同，像京东 PLUS 会员中，高"京享值"用户可在 149 元基础上减免 50 元，只需支付 99 元。会员身份区隔是用户运营和会员营销策略的一部分，通过价格优惠和附加权益引导用户行为，不过会员制度的本质并非仅此而已。除会员外，景区为老年人、儿童、军人等群体提供优惠票价，苹果为在校学生提供电子产品折扣，这些狭义身份区隔价差通常有严格的身份验证流程，需要出示会员卡、身份证、军官证等证件。

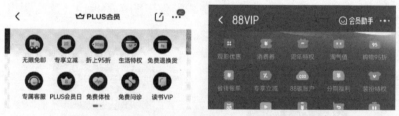

图 2.8　京东 PLUS 与淘宝 88VIP 会员权益（部分）

广义身份区隔价差是在狭义基础上衍生而来的，其核心区别是不严格验证身份，仅将身份作为划分依据。例如母婴商店、老年人用品店、户外用品店等，它们不会要求消费者必须具备相应身份才能消费，比如单身男士可以在母婴商店为亲友购买尿不湿。产品型企业制定分销策略时，除了空间区隔价差外，也会考虑广义身份区隔价差，为母婴销售渠道设定专门的分销价格。狭义与广义身份区隔价差可能相互交织，比如单身男士既是母婴商店会员又是尿不湿品牌会员，如果会员体系对接，就可以叠加享受优惠。

2.2.4　数量区隔价差

数量区隔价差是依据购买数量或规模来设定不同的价格标准。狭义上，主要按照采购数量或金额划分价差，具体可细分为两种形式。其一，将销售数量当作划分客户等级的依据，产品型企业依据客户在特定时间段（如年度）内的采购数量或金额来划分等级，采购规模大的客户能够享受更优惠的价格。其二，在价格目录中明确列出不同购买量所对应的不同单价，当客户购买量达到或超过特定阈值时，可享受更低价格（图2.9）。这种形式与后面要介绍的"两部/分段定价"策略中的分段计价机制类似，都是以数量和规模作为价格调整的依据。

阶梯价：
①1吨以下，4.8元/吨
②1～N吨，4.6元/吨
③N吨及以上，4.4元/吨

图2.9　数量区隔阶梯价差示例

除此之外，还有一种事后价差方式，即"达量返利"或"规模返利"协议。买卖双方起初按原价交易，当客户在一定时间内的购买数量超过预设阈值后，产品型企业会按照单价或一定比例返还部分金额。这种方式有助于产品型企业锁定客户份额、模糊发票价格以避免直接价格竞争，同时还能节约资金成本。例如，产品型企业可利用客户按原价支付的这段时间，对预计返利金额进行资金运作来获取收益，销售规模越大，采取这种方式所获得的收益就越显著。以年度预计返利 500 万元为例，即便只是存入银行活期账户，按照最低活期年化利率计算，也能为产品型企业带来额外的利息收入。

狭义数量区隔价差体现了边际成本递减的经济规律，其基础是"规模经济效应"，即通过扩大规模降低单位成本，提高经济效益。

广义的数量区隔价差在零售行业体现为"满减 / 件促销"活动，如"2 件 8 折""满 300 减 40"等。零售商和产品型企业在设计价差体系时需要考虑促销活动的力度，以确保其有效性和市场适应性。

依据四种区隔条件设计产品价差体系时需注意以下几点：

首先，价差体系的设定必须有合理的"价差依据"。无论是价格上调还是下调，都要有充分支撑理由，如成本差异或对附加价值的考量。运用"价格歧视"策略时，要严格遵守道德和法律界限，杜绝"价格欺诈"行为，否则易引发公众舆论的负面效应。例如某些在线旅游平台（OTA）对相同航班向不同用户差异化定价、部分打车软件在苹果和安卓系统间有价格差异等问题，都曾引发广泛社会讨论与质疑。

其次，在特定场景下，产品售价可能超出建议零售价或市场水平，形成"溢价"，如便利店的矿泉水、景区的泡面价格高于官方建议零售价，这体现了供需关系对价格的影响。

再次，同一产品不同维度的价差区隔可能相互交织，比如促销期间对不同身份用户差异化定价，会员权益还可能叠加优惠。对于这种复杂的价差区隔设计，需全面分析和动态监控，以降低设计或操作失误带来的损失。过于复杂的设计会让用户算不清，影响体验，甚至可能给平台价格系统带来风险。

最后，价格管理是综合性职能工作，需与多个职能部门深度协作。价格运营要和会员体系管理、用户运营、大型促销活动策划、折扣频道运营等环节紧密配合，从全局角度构建和优化产品价差体系。这种跨职能、跨部门协作对提升企业市场竞争力和顾客满意度至关重要。

2.3　五类价格计量方式选择

价格计量方式是指确定交易总价格的具体计算方法，主要有五类：按购买量计费、按使用情况收费、按支付形式收费、两部制/分段式定价机制以及捆绑与搭售。

1.按购买量计费

按购买量计费是常见且易懂的价格计算模式，即商品单价乘以购买数量得到交易总金额，同一商品每次交易结算的单位价格相同。比如，1斤土猪肉40元，买10斤总价就是400元。需注意，若消费者参与满300减30的促销活动，虽最终支付金额为370元，但按购买量计费的方式未变，只是促销活动影响了实际支付金额。

2.按使用情况收费

按使用情况收费可分为按使用时长、使用性能和使用效果收费三种模式。停车场按车辆停放时间计费、租车服务在基础车型费用基础上按天数加收费用，这是按使用时长收费的典型案例。在线视频和音乐等流媒体服务依据画质清晰度或音乐音质高低设定费用，属于按使用性能收费。按使用效果收费是价格计量方式的前沿探索，其关键是准确评估效果，当前互联网广告投放以浏览量或点击量作为效果评估指标进行费用结算，电商平台按商品销售额一定比例收取服务佣金，也属于按效果收费。

企业选择何种价格计量方式取决于盈利模式和产品特性。按购买量和按使用时长/性能这两种方式应用广泛，运维成本和消费者理解成本均较低，适用于多数产品或服务。对于大多数产品或服务，消费者在购买前就能判断其功能价值和情感价值，价格计量方式不影响购买决策。对于消费者难以判断功能价值和情感价值的产品或服务，创新价格计量方式如按效果收费能鼓励购买。例如新成立的广告公司可采用这种方式，事前按约定的效果衡量方式计算价格，以便在市场竞争中获取订单。"不好吃不要钱"以及各大电商平台推出的"先用后付"也是这种方式的体现。企业采用按效果收费的方式有一定经营风险，需要事先明确合作细节或限定适用范围。

3. 按支付形式收费

按支付形式收费中，不同支付形式对应不同支付成本，常见计费方式有两种：一是根据支付方式不同，区分现金支付（如银行转账）与非现金支付进行差异化定价。现金支付一般无额外交易费用且款项到账快，非现金支付可能产生额外费用或资金占用成本。例如，某产品型企业客户若选择90天兑付的"银行承兑汇票"支付2000万元货款，厂商需90天后才能收款，会产生资金占用成本。二是依据支付时间差异，即一次性支付或分期支付收取不同价格，本质是不同支付时间导致资金占用成本不同。按支付形式区分价格是提升收益的有效方式，国内产品型企业和零售商普遍对分期付款收取利息，而非直接调整商品价格，分期付款的利息收入甚至为部分平台带来可观利润。

4. 两部制/分段式定价机制

两部制 / 分段式定价机制是除单一定价外常见的价格计量方式之一。两部制定价将价格计量分为两部分：一是固定的基础费用，类似"入场费"，是享受服务的前提；二是根据实际消费量产生的变动费用。这种模式常见于手机话费与流量套餐，即固定月套餐费加上超出套餐限额后的按量计费。制定价格策略时，固定费用的设定要考虑客户对服务价值的感知，变动费用则依据服务边际成本制定。分段式定价是对两部制定价与单一定价的融合创新，通过更细致的计费场景划分，精准匹配客户支付意愿与企业收益目标。在分段式定价模式下，若使用量（或购买量）未达预设阈值，按使用量乘以单价计算总价；超过阈值则采用两部制定价模式计费。图 2.10 所示的分段定价中，浮动计量部分的"量"指的是按购买量收费与按使用量收费这两种单一定价方式中的计量依据。

两部制定价：　　总价格 = 固定费用 + 单位价格 × 使用量

分段式定价：　　总价格 = $\begin{cases} \text{单位价格} \times \text{使用量 (量 < 阈值)} \\ \text{固定费用} + \text{单位价格} \times \text{使用量 (量 > 阈值)} \end{cases}$

图 2.10　两部制与分段式定价形式

对于与"量"（时长或购买量）相关的产品或服务，可采用两部制或分段式定价机制，既能鼓励用户使用（使用时间长、购买量多更划算），增强用户黏性，又能拓展企业收益空间。

5. 捆绑与搭售

捆绑是将两个或多个独立产品组合在一起，以统一价格销售。捆绑策略定价通常低于各产品单独销售价格总和，但高于其中任一产品单独售价。捆绑销售分为"纯捆绑"与"混合捆绑"两种模式。在纯捆绑模式中，产品组合只能整体出售，不允许单独购买其中某一产品；混合捆绑模式则更具灵活性，消费者既可以选择整体购买，也可以单独购买部分产品。实际上，混合捆绑模式应用更为广泛，比如化妆品品牌常推出的产品套装，还有多数餐厅既提供套餐服务，又保留点餐服务，单独购买套装内产品或单点套餐内菜品的总价往往高于直接选择套装或套餐的价格。例如在麦当劳和肯德基，顾客既能单独购买汉堡、薯条和可乐，也能购买汉堡薯条可乐套餐，而套餐价格比这三种食物各自单点的价格低很多。

捆绑计价的核心是认识到不同消费者对产品或服务的价值感知存在差异（需求异质性）。

以表 2.1 中国移动某城市手机通话 1000 分钟 +60G 移动流量、500M 家庭宽带这两个客户需求为例，假设顾客甲对通话和流量服务的支付意愿为 139 元，对家庭宽带支付意愿为 60 元；顾客乙对通话和流量服务支付意愿为 119 元，对家庭宽带支付意愿为 80元。若通话和流量服务、家庭宽带分别定价 139 元和 80 元，销售收入为 219 元（甲购买每月 139 元的通话和流量服务，乙购买每月 80 元的家庭宽带服务）。若采用捆绑销售，将通话和流量服务与家庭宽带组合定价 199 元，甲和乙都会购买捆绑产品，销售收入增至 398 元。每月支付 199 元就能享受 3 张手机卡共享的 1000 分钟通话时长、60GB 通用流量、500M 家庭宽带服务，何乐而不为？而且多数情况下电信运营商还会为套餐用户赠送免费的 IPTV（交互式网络电视）服务。

捆绑计价策略可提升销售收入，更适用于固定投资占比大、边际成本低的行业或产品，如餐饮、酒店旅游、在线视频服务、音

表 2.1 顾客对产品的支付意愿

分类	甲支付意愿	乙支付意愿
通话1000分钟+60G流量	139元	119元
500M家庭宽带	60元	80元

乐订阅服务、软件服务等。国内大部分在线旅游平台如携程、去哪儿网等常推出机票、酒店和当地旅游产品捆绑销售的套餐。例如，用户预订前往三亚的旅游行程时，可选择包含往返机票、指定酒店住宿三晚和当地热门景点门票或旅游项目（如蜈支洲岛一日游）的套餐，该套餐价格相较于用户分别预订机票、酒店和旅游项目有一定折扣。

搭售是将两种产品视为一个整体销售，第一种产品为主产品，多为耐用消费品；第二种产品为辅助产品，通常是易耗品，需与主产品配套使用，如打印机与墨盒、电动剃须刀与刀片等。搭售策略与两部制定价结构有相似之处，但实施过程中存在差异。两部制定价中，较高的固定费用（"入场费"）占主导；搭售策略中，主产品类似"入场费"，但定价通常较低，甚至可能低于成本，产品型企业主要通过销售辅助产品盈利并弥补主产品损失。搭售模式下，两种产品需配合销售，产品型企业要与客户建立长期合作关系，通过促进客户重复购买辅助产品获利，还会通过技术手段设置转换壁垒，如打印机厂商通过接口认证和更换墨盒接口芯片，限制非原厂墨盒使用。

许多管理培训师常以吉列剃须刀为例解读搭售策略，但该案例并不成功。由于剃须刀架与刀片难以建立技术壁垒，刀片仿制成本低，市场上出现大量非原厂刀片，导致客户购买吉列刀架后选择其他品牌刀片，对吉列盈利模式造成冲击。这使产品型企业认识到，对于易耗品仿制门槛低的搭售产品，应借鉴两部制定价思路，在主产品和易耗品上同时挖掘利润增长点，甚至将主产品作为主要利润来源。这也是当前市场上搭配易耗品使用的产品定价偏高的原因，如品牌电动牙刷定价 500 元以上，原装替换头价格也较高，部分 IP 联名款价格更高。

2.4　使用价格围栏构建产品价格体系防火墙

在前面的内容中，我们介绍了价格体系的三大支柱部分——不同产品价差、相同产品价差以及价格计量方式。这些要素共同构成了依据多种标准与策略对客户需求进行精细划分，并匹配相应价格体系的基础。由于客户支付意愿和价格设定难以完全分隔，各类价差条件可能相互交叠。部分客户或职业的黑色产业链，如职业"羊毛党"，会利用这种漏洞获利。例如淘宝上的"代下单"店铺，有偿为非会员以会员优惠价格购买商品或服务。这对消费者而言可能是一种优惠途径，但对产品型企业和零售商来说，却是因流程或标准漏洞导致的损失，使得本应面向高支付意愿客户的商品以低价售出，严重时还可能影响整体价格体系的稳定性。此外，若电商平台在管理优惠券等促销手段时不够严谨，未明确优惠使用条件，可能会导致优惠券非预期叠加，消费者能以极低价格大量采购商品，形成"0 元单"现象。因电商平台价格或促销设置错误导致下单后不履约的新闻屡见不鲜。价格围栏就是为防止不同支付意愿与需求相互干扰、破坏价格体系而设定的标准或采取的措施。除了终端消费者中的"黑产"与"羊毛党"现象，产品型企业分销渠道中的"窜货"问题也是价差体系漏洞的一种表现。

价格围栏的设置需从内部和外部两个维度考量。内部层面，产品型企业应建立一套清晰且易操作的客户差价识别与验证体系，包括要求会员出示会员卡、利用LBS（Location Based Services）技术限制远程下单、设定优惠价商品购买数量上限以防囤货转售。同时，在搭售策略中通过技术手段设置产品转换壁垒，也是有效的内部控制方式。

对于不同价格定位产品间的价格干扰，尤其是处于价格区间临界点的产品，要格外留意。比如，中端产品线推出与低端产品线中的较高端产品价格相近的产品，可能导致内部市场份额重新分配，虽然总体收益或许不变，但对企业而言，这属于"零和博弈"，容易引发产品线间管理层的冲突。所以，对于产品线丰富的产品型企业而言，设立横向价格管理部门至关重要。该部门负责整体规划与监控价格体系的建立与维护，确保公司经营目标不受内部小团体利益冲突的影响。在实际操作中，要综合评估中端产品线新增偏向低端定位产品的潜在盈利能力及其对现有低端产品线的影响。若新增产品利润不显著，且主要靠挤占现有低端产品线市场份额来增长，建议暂停该项目；反之，若新增产品能带来额外利润，且不影响现有产品线市场份额，从公司整体利益出发，则应支持其上市销售。通常，产品型企业或零售商会根据产品价格档次定位设置不同品类或商品的毛利率或售价底线阈值，以防调价对正常价格体系造成干扰和破坏。

"对外"是从客户角度考虑其在不同价差体系间"套利"的成本，这里的成本包括直接经济成本和时间成本。若"套利"成本过高或操作流程复杂，可能会使普通消费者望而却步。例如在日常消费中，我们知道街角超市的某品牌矿泉水比便利店便宜，但考虑到位置和便利性，我们可能不会为这点差价改变购买决策，这相当于我们为便利和位置支付了价格差异。当产品价格差异超出消费者基于价值感知可接受的范围时，购买决策可能发生改变。比如矿泉水在超市售价 2.5 元 / 瓶，便利店 3 元 / 瓶，消费者可能会根据个人偏好和即时需求在便利店购买。但如果便利店标价 8 元 / 瓶，价格与价值严重失衡，消费者就可能重新考虑是否购买，或者选择其他购买渠道。

需要注意的是，对普通消费者而言是障碍的高成本和复杂操作流程，却可能成为中介机构的盈利机会。在各个行业中，中介机构通过将复杂且高成本的过程标准化、规模化运营，降低单位成本、提高效率，代消费者购买或办事，并赚取交易佣金或服务费。以海外代购为例，国际品牌在国内外市场的价格差异为代购提供了"套利"空间，对留学生来说，回国探亲时顺便代购几乎不增加额外成本，所以成为一种副业。随着国际小额包裹物流费用降低，代购业务专业化发展，促使跨国产品型企业，尤其是奢侈品牌，从全球角度重新审视产品价格体系设计，提高国外市场售价以缩小跨国价差，同时国内海关加强入境商品抽查并要求有组织代购的商家缴纳关税。除跨境"代购"外，"跑腿""外卖""代办"等服务也是这种趋势的体现，它们在为消费者提供便利的同时，也为中介机构创造了盈利机会。

2.5　佳洁士牙膏的产品价格体系设计

前文我们介绍了价格体系的核心要素。简单来说，产品价格体系设计是在识别市场需求多样性后，依据企业所在行业特点和发展阶段，对价格体系的三大要素进行整合优化。这一过程通过价格手段细分市场，使市场需求与消费者支付意愿有效对接，实现企业与客户价值最大化。

下面以宝洁佳洁士牙膏品牌的中高端"美白系列"为例，回顾产品价格体系设计的实际应用。

在目标市场与产品定位方面，佳洁士进入中国市场初期定位于高端，面向消费能力高、注重口腔健康和品质的消费者。随着市场拓展，佳洁士针对不同年龄、性别、口腔问题和消费需求进行市场细分，例如推出儿童牙膏系列满足儿童特殊口腔护理需求，针对有牙龈问题的消费者推出牙龈护理牙膏等，以此扩大市场份额。

在整体价格策略上，佳洁士刚进入中国市场时，其牙膏价格约为国产牙膏的 3 倍，树立了高端品牌形象。之后随着产品系列增加和市场竞争变化，佳洁士进行价格调整以满足不同消费者需求。随着对中国消费者需求的了解深入，佳洁士依据产品功效、成分和定位制定不同价格层次，满足消费者对价格的不同敏感度。其主要产品系列包括防蛀系列、美白系列、清新口气系列、牙龈护理系列等。普通清洁牙膏价格较低，有特殊功效或高端配方的牙膏价格较高。其中，美白系列作为面向中高端消费者、具备特殊功效的产品，着重突出功能与体验价值，核心目标客户是追求品质体验的"中产阶层"。

在具体产品设计中，美白系列以美白为主要功能点，依据功能价值高低，在这个中端定位品牌下设计了"锁白""3D 炫白""盐白"三款细分价格档次不同的产品系列，建议零售价从高到低排列。在功能宣传点上，"锁白"主打去渍加防渍，"3D 炫白"主打清新加防蛀，"盐白"主打天然多效。产品主要通过电视广告、楼宇电视和海报触达目标消费者，并在主流电商平台和线下商超实现分销覆盖。

图 2.11 展示了"锁白"120g 牙膏产品价格体系设计实例。在价格设定上，这款中端定位中的高端"锁白"牙膏建议零售价为 19.90 元。基于线下与线上的空间区隔条件，二者价格不同。线下购物渠道具有"所见即所得"且能马上拿到商品的特点，急需牙膏的消费者通常选择线下购买以便即时使用，因此从消费者便利性角度看，线下价格略高于线上。线下超市日常售价为 17.90 元，电商渠道非会员日常售价是 16.90 元（会员可额外享受 95 折优惠，体现身份区隔价差）。日常售价与促销售价的差异，是前文提及的以时间为区隔设置产品价差的应用。根据促销等级和力度不同，对售价进一步区分，该产品日常促销价区间为 14.25 ～ 13.65 元，在"618"和"双十一"等大型促销活动期间价格更低、促销力度更大，价格在 11.68 ～ 10.68 元之间。

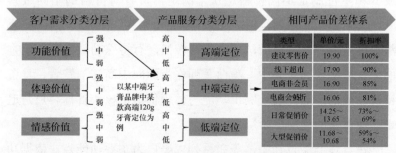

图 2.11　某牙膏品牌中端定位产品终端价格体系示例

对外，宝洁公司和提供市场价格监测服务的第三方公司携手，获取各分销渠道销售价格信息，以掌握市场价格动态；对内，宝洁设有销售管理和运营部门，负责巡查、核验各层级渠道分销合作商家的铺货情况及价格违规行为并实施处罚，保障产品分销秩序和价格体系的有效性、稳定性。

除了产品体系和价格的差异化设计，宝洁还根据不同产品系列和目标消费者群体，设计不同的包装风格和规格，进一步细分消费者需求场景。例如，儿童牙膏包装通常色彩鲜艳、图案可爱，吸引儿童注意力；成人牙膏包装则更简洁、大气，体现品牌专业性和品质感。同时，宝洁还推出家庭装、旅行装等不同规格的包装，满足消费者在不同场景下的使用需求。宝洁不仅是产品经理文化与概念的发源地，更凭借市场洞察实施多品牌及细分产品体系设计，是在同一集团内经营满足不同市场消费需求产品的先驱与典范，值得所有产品型企业中品牌、产品、市场和价格管理相关从业人员深入探究与学习。

小结

设计产品价格体系需从识别市场需求多样性入手，依据企业所在行业特点和发展阶段对价格体系的三大核心要素加以整合优化。

首先，对客户需求分类分层，明晰不同需求与场景的差别，从而制定相应价格策略。

其次，构建产品与服务的分类分层架构，使客户需求和产品服务层级相匹配，确定不同分类以及同一分类不同层级产品的标准价格，如高中低端产品线中同一档次产品的定价。

最后，运用定价方法，考量相同产品的不同价差及价格计量方式（像两部制或分段式定价机制）对价格的影响，构建全面的价格体系框架。

在实施中，设置合理的价格围栏保障价格体系稳定运行，同时关注价格体系的维护成本和客户接受度，确保价格策略既能达成企业盈利目标，又能提升用户体验。过于复杂的价格结构会让消费者困惑，降低购买意愿，所以设计价格体系时应保持适度的简洁性和透明度。

在商业发展历程中，宝洁公司是通过多品牌及细分产品体系设计满足不同市场消费需求的开创者和楷模，值得所有价格管理相关从业人员研究学习。

第 3 章

如何为具体的
产品定价

3.1　定价"3C"分析模型

"3C"即 Cost（成本）、Customer（客户）与 Competition（竞争），这三个英文单词的首字母缩写共同构成了定价与变价的基本分析框架。其中，成本是企业经营的内部视角，反映企业投入情况与运营效率，是确立价格的基础。客户代表市场总体需求，满足客户需求是定价与变价的核心出发点。竞争则反映市场中企业间的竞争格局，即多家企业争夺客户需求的状况，是制约价格水平的关键因素。价格是企业（以投入成本体现）与客户及竞争对手博弈后的均衡结果。成本、客户与竞争三者关系如图 3.1 所示。

图 3.1　定价 3C 分析

3.1.1　如何进行成本分析：区分成本类型，评估关键指标

成本分类与成本结构

成本是企业定价的底线，企业以盈利为目的，只有能补偿成本的价格才能保障企业健康、可持续发展。不同类型企业成本结构各异。例如，产品型企业需承担产品研发与生产费用；零售商主要通过从产品型企业或经销商处采购商品，不涉及研发与生产环节。以拥有自主生产能力的产品型企业为例，其成本包括研究

开发成本、生产设备购置成本、制造成本、原材料成本、仓储物流成本、市场推广与客户服务成本以及各类管理成本（如销售与职能人员薪酬等）。对于零售商而言，成本主要有商品采购成本、履约配送成本、销售推广成本以及人力成本等。

成本依据性质不同，可分为固定成本与变动成本。固定成本（Fixed Cost，FC）在一定时期内不随业务量增减而变动。如产品型企业在厂房建设上投入 1 亿元，在生产设备购置上投入 10 亿元，即便无生产活动，也需承担这些费用。固定成本需区分总额与单位固定成本。总额不受业务量影响，如上述的 11 亿元。单位固定成本（Average Fixed Cost，AFC）是总额除以业务量（如产量或销量），通常基于预估业务量计算，实际值可能因生产技术、运营效率等因素有偏差，但在成熟业务中，预估与实际差异较小。变动成本（Variable Cost，VC）随业务量增减而变化。例如，每件产品原材料成本为 50 元，生产 1000 件时成本为 5 万元，生产 10 件时仅为 500 元。在实际业务分析中，应根据具体场景判断成本项属固定成本还是变动成本。总成本（Total Cost，TC）为固定成本与变动成本之和，若总成本与销量或产量呈简单线性关系，可用公式 3.1 表达。

总成本 (Total Cost)
= 单位变动成本 (Unit Variable Cost) × 销量 (Quantity)
+ 固定成本 (Fixed Cost)

公式 3.1　总成本计算公式示例

边际成本（Marginal Cost，MC）是价格决策分析的核心成本概念，定义为在既定产量水平下，额外生产或销售一件产品带来的总成本增加量，具体计算方式如公式 3.2 所示。

$$边际成本(Marginal\ Cost) = \frac{总成本变化量(\Delta Total\ Cost)}{产品数量的变化量(\Delta Quantity)}$$

公式 3.2　边际成本计算

由固定成本、变动成本及边际成本的含义可知，固定成本在一定时期内不变，总成本中仅变动成本随产品数量或销售量增减而变化。由此可知，边际成本主要受变动成本影响。在企业成本结构实际分析中，为简化过程，常以单位变动成本指代边际成本。短期内，单位变动成本较稳定，如单件商品采购成本短期内通常固定，边际成本也相应稳定。但从中长期来看，单位变动成本可能因采购规模、条件或运营效率等因素变化，如批量采购折扣、生产效率提升等都会使边际成本在中长期发生变动。总体而言，在特定销量或产量范围内，固定成本恒定，边际成本呈递减趋势，即规模效应；一旦销量或产量超出此范围，需额外投入固定成本（如增设生产线），边际成本将随产量增加而递增。在实际应用中，价格分析多为短期决策服务，侧重考量边际成本的递减效应。短期内边际成本的稳定性与递减性在成本函数中分别如图 3.2 左侧和右侧图所示。

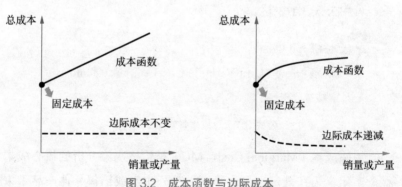

图 3.2　成本函数与边际成本

在经济学中，单价与单位变动成本之差被定义为"单位边际贡献（Unit Contribution Margin，UCM）"或"单位边际利润"。短期内企业固定成本恒定，价格应尽可能涵盖固定成本，以帮助企业回收固定成本投入。当单位边际贡献大于0（即价格高于变动成本）时，超出部分构成了对固定成本投入的补偿。单位边际贡献最大化的价格也是利润最大化的价格，这种决策分析思路在面向B端企业客户（以工业品为代表）的价格管理中广泛运用。

相较于消费品，工业品一般不直接面向大众市场，价格透明度低。虽有类似建议零售价的目录价格，但在实际交易中，基于订单或项目的定制化定价更普遍。大宗订单客户常期望以远低于目录价格成交，这需要企业在决策时运用边际贡献概念深入分析。对于工业品而言，研发、厂房和生产设备等是主要固定成本，所以以高于变动成本的价格多售出一件产品，就会对这部分固定成本有更多补偿。

此外，在工业品价格决策场景中，还需考虑订单交付期内的产能利用情况，即是否有闲置生产线及足够生产人员满足订单需求。若产能已满，为遵守合约精神，企业需优先确保已签约订单准时交付，即便新订单价格更优，也可能因"机会成本"（Opportunity Cost，OC）考量而不得不放弃，即因接受某一订单而错失另一潜在订单收益的经济现象。虽然机会成本是潜在损失，不直接影响企业账面收益，但在复杂的定价决策过程中仍需考虑，以保证决策的全面性和准确性。

单位边际贡献与单价的比率称为"单位边际贡献毛利率"，缩写为UCM%，其计算方法遵循公式3.3。与之相对应的是"毛利率"（Gross Profit Rate，缩写为 GPR），该指标衡量单位毛利与单价之间的比例关系，计算方法依据公式 3.4。

$$单位边际贡献毛利率 = \frac{单位边际贡献(Unit\ Contribution\ Margin)}{单价(Unit\ Price)} \times 100\%$$

公式 3.3　单位边际贡献毛利率计算

$$毛利率 = \frac{单价(Unit\ Price) - 单位总成本(Unit\ Total\ Cost)}{单价(Unit\ Price)} \times 100\%$$

公式 3.4　毛利率计算

单位边际贡献毛利率与毛利率作为财务比率，可采用总收入、总变动成本以及总成本等总量指标计算，不限于单位值。

单位总成本和单价相同的两家企业，由于固定成本与变动成本在总成本中的占比不同，二者在单位边际贡献毛利率上可能存在显著差别。如表 3.1 所示，产品 A 和产品 B 售价都是 100 元，单位总成本均为 80 元，二者产品毛利率都为 20%。但深入分析其成本结构，产品 A 的单位固定成本占总成本 90%，即 72 元，单位变动成本仅占 10%，即 8 元；产品 B 的成本结构与 A 完全不同，单位固定成本为 8 元，单位变动成本为 72 元。按照单位边际贡献毛利率计算公式，产品 A 的单位边际贡献毛利率高达 92%，产品 B 则只有 28%。这种成本结构的显著差异对企业经营决策有着直接且深远的影响。

表 3.1　成本结构差异对单位贡献毛利率的影响

分类	产品A	产品B
销售单价	100元	100元
单位固定成本	72元	8元

分类	产品A	产品B
单位变动成本	8元	72元
毛利率	20%	20%
单位边际贡献毛利率	92%	28%

假设一家企业同时生产和销售 A、B 两种产品，当总产能有限时，为加快固定成本回收，该企业应优先生产和销售产品 A。对于固定成本占比较高的行业，企业一般会采取措施提高固定资产利用率，并密切留意相关利用率指标，比如酒店业关注入住率、航空业关注客座率、餐饮业关注上座率等，以保障固定资产的高效利用。

盈亏平衡分析

从长期来看，企业要实现盈利，价格必须高于总成本（固定成本与变动成本之和）。在既定的价格与成本结构框架下，我们需要明确达到盈利目标所需的销售数量最低阈值；同样，在既定的客户需求量及成本结构条件下，价格也有最低要求。这些问题都可以通过盈亏平衡分析（Break-Even Analysis，BEA）来解决。在 BEA 中，存在一个关键的销售数量临界点，即"盈亏平衡点"（Break-Even Point，BEP）。BEP 又称保本点、零利润点或收益转折点，指的是总收入等于总成本时的销量。只有企业的销售量超过 BEP 界限，才能实现盈利。BEP 的高低直接反映了企业盈利潜力的强弱和经营风险承受能力的大小。具体来说，BEP 数值越低，企业实现盈利的门槛就越低，亏损风险相对越小，表明企业或产品的市场竞争力及抗风险能力更强。盈亏平衡点 BEP 的公式推导如下（见公式 3.5）。

$$总收入 = 总成本 \Rightarrow 单价 \times BEP 销量 = 单位变动成本 \times BEP$$

销量 + 固定成本

$$\Rightarrow BEP销量 = \frac{固定成本}{单价 - 单位变动成本}$$

$$\Rightarrow BEP销量 = \frac{固定成本}{单位边际贡献}$$

公式 3.5　盈亏平衡点计算公式（含推导过程）

在既定的价格与成本框架下，BEP 可用于评估价格变动的合理性与可行性。例如，某商品标准售价为 16 元 / 件，客户提出以 15 元 / 件的价格采购 7000 件，已知该商品的单位变动成本为 11 元 / 件，固定成本为 30000 元。那么，企业是否应该接受这笔订单呢？根据公式 3.5，在客户报价与单位变动成本之差的基础上，可以计算出实现盈亏平衡所需的 BEP 销售量为 7500 件。具体计算过程为：固定成本 30000 元 ÷（单价 15 元 - 单位变动成本 11 元）= 7500 件。如图 3.3 所示，客户意向订单的 7000 件小于给定报价和成本下的 BEP 销量 7500 件，处于亏损区间。企业可采取如下策略：一是与客户沟通，争取将采购量提升至 7500 件以上，跨越盈亏平衡点；二是和客户协商，提高产品报价，弥补成本差距；若这两种方法都行不通，企业则应拒绝这笔订单。

在上述示例中，我们只是从成本分析的角度进行了评估，简化了客户需求与市场竞争因素的影响。在实际的业务决策中，需要结合具体的客户需求与外部竞争情况进行分析，才能做出价格决策。

在日常的价格决策过程中，盈亏平衡分析通常用于解答以下两类核心问题：

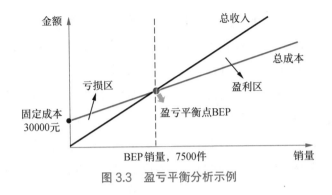

图3.3 盈亏平衡分析示例

1. 降价后，要保持利润不变，销量至少应该增加多少？

2. 涨价后，要保持利润不变，销量最多可以减少多少？

假设某企业为了提高价格竞争力以获取更多销量，考虑将价格降低 5%。我们需要计算销量增加多少才能维持原利润水平。已知产品正常售价 P=16 元 / 件，销量 Q=10000 件，单位变动成本 UVC=11 元 / 件，固定成本 FC=30000 元。首先计算出降价前的利润总额 $=P×Q-(UVC×Q+FC)=1610000-(1110000+30000)=20000$ 元。然后，考虑降价 5% 的影响，即 $\Delta P=0.05P=0.05×16=0.8$ 元 / 件，降价后售价为 $P-\Delta P=15.2$ 元 / 件。为了维持原利润水平，我们设定等式：调价前利润总额 = 调价后利润总额，即 $P×Q-(UVC×Q+FC)=(P-\Delta P)(Q+\Delta Q)-[UVC(Q+\Delta Q)+FC]$。将已知数值代入，得到：$20000=15.2×(10000+\Delta Q)-[11×(10000+\Delta Q)+30000]$，解这个算式可以求出 ΔQ，即需要增加的销量。计算后得到 $\Delta Q≈1905$ 件，这意味着销量至少需要增加 1905 件，即销量增长率需要达到约 19.05%，才能维持降价后的原利润水平。

为了便于一般化应用，我们可以将上述计算过程中的具体数值替换为变量，推导出"盈亏平衡销量变化率"的计算公式。在降价场景下，总利润保持不变的盈亏平衡销量增长率计算公式可表示为公式 3.6，其中涉及原售价 P、售价变动 ΔP、原销量 Q、销量变动 ΔQ、固定成本 FC 及单位变动成本 UVC 等变量。调整后价格为（P-ΔP），调价后销量为（Q+ΔQ），降价导致的利润损失需要通过销量增长来补偿。涨价时，调整后价格为（P+ΔP），调价后销量为（Q-ΔQ），涨价会带来单位利润增长，但会导致销量下降。涨价条件下，总利润不变的盈亏平衡销量下降率计算过程如公式 3.7。

$$利润_原 = 利润_新 \Rightarrow 总收入_原 - 总成本_原 = 总收入_新 - 总成本_新$$

$$\Rightarrow 单价_原 \times 销量_原 - (变动成本 \times 销量_原 + 固定成本)$$

$$= 单价_新 \times 销量_新 - (变动成本 \times 销量_新 + 固定成本)$$

$$\Rightarrow P \times Q - (UVC \times Q + FC) = (P - \Delta P) \times (Q + \Delta Q) - [UVC \times (Q + \Delta Q) + FC]$$

$$\Rightarrow \frac{\Delta Q}{Q} = \frac{\Delta P}{(P - UVC - \Delta P)} = \frac{\Delta P}{(UCM - \Delta P)}$$

公式 3.6　降价盈亏平衡销量增长率计算公式

$$\Rightarrow P \times Q - (UVC \times Q + FC) = (P + \Delta P) \times (Q - \Delta Q) - [UVC \times (Q - \Delta Q) + FC]$$

$$\Rightarrow \frac{\Delta Q}{Q} = \frac{\Delta P}{(P - UVC + \Delta P)} = \frac{\Delta P}{(UCM + \Delta P)}$$

公式 3.7　涨价盈亏平衡销量下降率计算公式

需要特别指出的是，通过对上述两个公式右侧的分子与分母同时除以售价 P，我们可以将公式中的价格变动值，以及单位边际贡献转换为价格变动率与单位边际贡献毛利率，这样更便于直观地理解和分析相关经济指标的变化情况。

为了帮助读者更好地理解，我们以降价为例，通过图 3.4 来

　　价格力——用 1% 的力量撬动利润与规模双增长

分析降价所需的盈亏平衡销量变化要求。其中，原售价为 P，降价后价格为（P-ΔP），售价变动为 ΔP，原销量为 Q，降价后销量为（Q+ΔQ），销量变动为 ΔQ，固定成本为 FC，单位变动成本为 UVC。

从另一个角度理解，如果要保持利润不受降价影响，那么降价带来的销量增长对应的边际贡献增加值应该大于降价导致的边际贡献损失，即图 3.4 中"边际贡献增加"部分的面积要大于"边际贡献损失"部分的面积。"边际贡献增加"面积 =ΔQ×（P-UVC），因为降价后的售价为（P-ΔP），所以"边际贡献增加"面积 =ΔQ×（P-ΔP-UVC）=ΔQ×（UCM-ΔP）。"边际贡献损失"面积 =Q×ΔP。因为需要"边际贡献增加"≥"边际贡献损失"，用计算符号代入后得到 ΔQ×（UCM-ΔP）≥ Q×ΔP，两边同时除以 Q 就得到公式 3.6。用同样的方式可以通过图解推导涨价条件下盈亏平衡销量变化率要求，这里不再赘述。

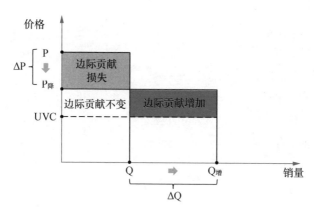

图 3.4　降价盈亏平衡销量变化图例分析

由公式 3.6 和公式 3.7 及其推导过程可以得出以下结论：

- 盈亏平衡销量变化率不受固定成本影响。无论是价格变化前还是变化后，固定成本始终保持不变。

- 对于单位边际贡献越大的产品（即单位变动成本占比越低的产品），盈亏平衡销量变化率越小。如果降价，所需的销售增量就越小；如果涨价，对销量减少的容忍度就越低。

- 相反，对于单位边际贡献越小的产品（即单位变动成本占比越高的产品），盈亏平衡销量变化率越大。如果降价，要求的销售增量就越大；如果涨价，能承受更多的销量减少。

以前面提到的总成本相同、成本结构不同的产品 A 和产品 B 为例，根据公式 3.6 和公式 3.7 分别计算两个产品价格变化 10% 和 20% 时的盈亏平衡销量变化率要求，结果如表 3.2 所示。

表 3.2　边际贡献与价格变化关系示例

分类	产品A	产品B
销售单价	100元	100元
单位固定成本	72元	8元
单位变动成本	8元	72元
毛利额	20	20
单位边际贡献	92	28
价格变化%	销量变化%	
降价10%	12.2%	55.6%
降价20%	27.8%	250.0%
涨价10%	−9.8%	−26.3%
涨价20%	−17.9%	−41.7%

单位边际贡献为 92 元的产品 A 与单位边际贡献为 28 元的产品 B 相比：在降价 10% 的条件下，为了保持原利润不变，产品 A

仅需实现 12.2% 的销量增长，而产品 B 需要实现 55.6% 的销量增长。在涨价 10% 的条件下，为了保持原利润不变，产品 A 仅能承受 9.8% 的销量下滑，产品 B 则可以承受 26.3% 的销量下滑。

从长远来看，在同一行业领域内，当两家企业的运营效率相当时，单位贡献毛利率较高的"重资产"型企业，在面临价格竞争时表现出更强的韧性。具体而言，在相同的降价比例下，这类企业相比于"轻资产"型竞争对手，所需增加的销量规模更小，以维持其利润水平不受显著影响。相反，单位贡献毛利率较低的"轻资产"型企业，在遭遇相同降价压力时，必须实现更大幅度的销售增长，才能抵消降价带来的利润侵蚀。这一现象深刻解释了为什么众多电商巨头在京东率先自建物流体系后，纷纷跟进，大规模布局重资产物流体系，以增强自身的市场竞争力和抗风险能力。当年长虹电视和格兰仕微波炉之所以有勇气率先发起价格战，背后离不开对盈亏平衡的精准测算。

在企业的运营过程中，绝大多数企业不会只生产或销售一款产品，进行盈亏平衡分析时，必须充分考虑不同产品或产品线之间可能存在的替代与互补效应，因为这些效应直接关系到客户需求的复杂变化。为了清楚地阐述盈亏平衡分析的实际应用，我们假设替代与互补关系只涉及两个产品，并且这些产品间替代与互补的具体量化影响是已知的。

替代品是指在满足客户特定需求时具有相似功能或效用的产品。在市场需求总量保持稳定的情况下，替代品之间往往存在相互竞争的关系，即一种产品的需求增加通常伴随着另一种产品需求的相应减少。这种替代品之间的影响被称为"蚕食效应"。特别是在价格上涨的情况下，消费者往往会倾向于寻找性价比更高的替代品。例如，假设某零售商同时经营两款互为替代的商品 A 与 B，现计划对商品 A 提价 4%。根据历史销售数据，预计此次提价将使约 30% 的原购买商品 A 的客户转而购买商品 B。具体的售价与成本结构如表 3.3 所示。

表 3.3　替代与互补品盈亏平衡分析示例

分类	产品A	产品B
销售单价	25元	20元
单位变动成本	20元	18元
单位边际贡献	5元	2元
单位边际贡献毛利率	20%	10%

如果产品 A 和产品 B 是相互独立的，根据公式 3.7 可以求出，产品 A 涨价 4% 所能承受的销量损失率为 4%÷（20%+4%）×100%=16.67%。产品 A 中 30% 的需求转移到了产品 B，从整体来看，由于产品 A 销量减少导致的产品 A 的单位边际贡献损失应扣除产品 B 销量增加部分的单位边际贡献，其计算式可以表示为：调整后单位边际贡献 = 调整前单位边际贡献 − 替代品销售变化率 × 替代品单位边际贡献。在这个例子中，产品 A 调整后的单位边际贡献 = 5−（30%×2）=4.4 元。由此可以得到产品 A 调整后的边际贡献毛利率 =4.4÷25=17.6%。产品 A 因涨价 4% 可承受的销量下滑率调整后值 =4%÷（17.6%+4%）×100%=18.52%。很明显，只有当替代品之间的销量转移发生在同一企业内时，上述调整计算才有意义，且产品 A 实际可承受因涨价导致的销售下滑率高于不存在互补产品时的 16.67%。

替代品间的需求转移承接作用及其量化影响常应用于产品型企业的产品线长度设计。这一原则体现在合理配置产品线中不同档次产品数量上。具体而言，即便是中档价格定位的产品线，也常细分为高、中、低三个档次的产品，如前文提到的佳洁士牙膏产品系列设计。这种做法一般有两个目的：精准满足细分市场需求，强化内部替代效应。当更高档次产品涨价时，能促使客户在忠于同一品牌的情况下于品牌内寻找替代选项，而非转向竞争品牌，从而有效维护品牌的市场占有率和客户忠诚度。

互补品是指在满足客户某类需求时具有相互补充作用的不同产品。存在互补关系的产品在需求上通常表现为同方向变动，即一种产品价格上涨导致需求减少，互补品的需求也会减少，反之亦然。这种互补品之间的影响被称为"光环效应"。我们仍然以表 3.3 所示的两款产品为例来说明互补品的盈亏平衡分析。假设产品 A 与产品 B 为互补关系，现计划对产品 A 降价 4%。根据公式 3.6 可以求出产品 A 盈亏平衡销量增长率要求为 4%÷（20%-4%）×100%=25%。由于已知产品 A 的价格下降将带来产品 B 销量增长 20%，那么产品 A 实际的单位边际贡献大于 5。通过产品 B 的销量变化对产品 A 的单位边际贡献进行调整计算，计算方式为：调整后单位边际贡献 = 调整前单位边际贡献 + 互补品销售变化率 × 互补品单位边际贡献。由此求得产品 A 调整后的单位边际贡献为：5+（20%×2）=5.4 元，调整后的单位边际贡献毛利率为 5.4÷25=21.6%，进一步计算可得调整后产品 A 盈亏平衡销量增长率要求为 4%÷（21.6%-4%）×100%=22.73%。由于互补品的"助力"，产品 A 实际需要的盈亏平衡销量增长率低于单独销售时的要求，而且与产品 A 存在互补关系的产品越多，这种"助力"作用就越明显。

互补品之间的助力作用及其量化影响，狭义上只体现在诸如打印机与墨盒、游戏机与游戏卡等需要配套使用的产品组合间。然而，在实际消费场景中，互补关系的表现形式更加丰富多样。例如，啤酒与尿不湿这一经典案例，虽然看似不相关，但对于"爸爸"这一消费群体却表现出高度的互补性。只要场景设计合理，产品间的互补效应能够显著促进消费需求的增长。

互补品间的助力作用在广义层面上成为价格竞争策略中的重要考量因素。具体来说，通过对部分客户价格敏感度高的商品制定低价，以吸引顾客流量，再利用互补产品的销售利润，可以有效弥补降价产品的成本损失，实现资源的优化配置。在线下门店，商家经常通过海报展示或促销堆头等方式，在显眼位置标注特定商品的"今日特价"信息。这样做的目的是引导顾客进店后，不仅购买特价商品，还能激发他们购买其他非特价商品的意愿。而在电商平台上，商家往往倾向于采用"一揽子"商品组合策略。他们会通过制定某些商品的低价甚至亏本销售策略，来带动整体销售额的增长。例如，当洗洁精的价格极具吸引力时，消费者通常会顺带购买厨房湿巾等关联产品。这种策略不仅促进了平台内其他产品的销售，还成功塑造了平台的低价形象，增强了消费者的购物黏性。这正是实现"规模与利润双增长"这一看似矛盾的双重目标的关键所在。"一揽子"商品组合中，扮演低价引流作用的商品通常被称作"钩子"商品或者"引流"品。其引流作用可以通过"交叉销售率"这一指标来衡量，该指标指的是在某个时间段内，"同时购买目标产品和其他产品的客户数"与"购买目标产品的客户总数"的比值大小。例如，以周作为时间单位，若一周内共有2000名客户购买了引流品A，其中400名客户同时购买了其他商品，那么引流品A在统计周期内的交叉销售率＝

(400÷2000)×100%=20%。可以通过对比某引流商品在降价前后的交叉销售率变化情况，来评估其引流效果的优劣。在极端情况下，如果统计周期内购买某降价引流品的交叉销售率为0，那就意味着消费者大多是冲着"薅羊毛"而来。这种情况下，就需要考虑该商品是否适合继续作为引流品来吸引用户。交叉销售率常被作为选品指标，应用于"一揽子"引流商品的筛选过程中，以构建"规模与利润双增长"策略的基础商品池。

替代品与互补品的相互影响，从客观层面强调了价格管理工作需从全局着眼，价格管理人员要有全局意识，懂得算总账。而且，价格管理本就是持续且长远的过程，决策制定不能仅着眼于单次单点收益最大化，而要关注长远的整体利益回报，保障价格策略能为企业带来长期稳定的竞争优势和价值增长。企业价格管理相关人员及管理者，都应具备"羊毛出在猪身上"的经营智慧。

成本分析辅助工具

截至目前，我们介绍了成本分析的基本概念、核心公式、分析技巧及其实际应用。在常规的与价格紧密相关的成本分析流程中，两种辅助工具——"价格瀑布"与"盈亏平衡销量门槛线"得到了广泛应用。

"价格瀑布"这一工具，虽然名称以"价格"开头，但实际包含了成本。因其能直观呈现价格与成本间数据的动态变化，图表形似"瀑布"，故而得名。该工具在价格回溯分析中极为重要，通过构建"价格瀑布"，可精确量化从价格到利润之间的各类影响因素，进而进行精准的诊断分析并制定优化策略。图3.5展示了一个品牌制造商运用"价格瀑布"的典型案例，不过需注意，此例未将面向消费者的折扣等直接影响产品型企业价格的因素纳入成本分析范畴。需明确的是，成本分析并非会计账务处理，实际操作中可根据具体需求灵活调整分析范围。

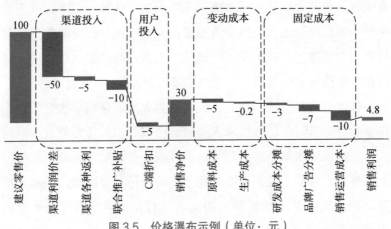

图 3.5　价格瀑布示例（单位：元）

从价格瀑布图中可以清楚地看到，定价与变价并非只是确定建议零售价与渠道价格这么简单，价格管理的范畴已广泛延伸至利润构成的各个细微环节。这一深刻认识促使部分有前瞻性思维的企业，将传统的"价格管理"理念拓展到更广阔的"价值管理"层面，有些企业甚至将与成本管理相关的岗位设置在价值管理部门架构下。

"盈亏平衡销量门槛线"是在既定成本结构下维持利润稳定的分析工具。具体来说，它通过描绘不同价格变动下所需销量变化率的趋势形成一条曲线。该曲线体现了销量变化率与价格变动的函数关系。此工具旨在为价格管理者提供高效、便捷的参考框架，使其能快速、准确地评估调价申请的合理性。在数字化、线上化程度较高的企业中，随着成本数据的周期性更新，"盈亏平衡销量门槛线"可实现自动同步刷新，以保持时效性和准确性。以表 3.3 中单位边际贡献毛利率为 20% 的产品 A 为例，运用公式 3.6 与公式 3.7 可计算出不同价格变动情景下所需的销量变动率，并将这些数据点绘制成图 3.6 所示的曲线图。从图中能直观地看出，若某个调价需求对应的销量变化落在曲线右侧区域，说明该调价方案有盈利潜力；反之，若销量变化在曲线左侧区域，则该调价方案可能会损害企业利润。因此，该曲线图能为企业决策者提供直观的决策支持，帮助他们做出更明智的价格调整决策。变化率也可转换为变化量用于辅助决策。

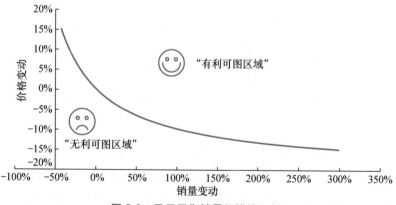

图 3.6　盈亏平衡销量门槛线示例

总体而言，成本数据作为企业内部的核心信息，其可获取性明显高于后续章节将介绍的客户需求与竞争对手相关信息。产品成本的高低及构成受企业经营方式与经营效率的影响，但这仅代表企业经营的内部视角。

成本分析的标准化流程可归纳为四个步骤：

第一步：确定成本构成并计算相应数值，如原料成本、生产制造成本、市场推广费用等，明确其是预估分摊值还是实际值，且需定期更新，通常可直接从公司财务部门获取这些数据。

第二步：区分成本类型，将成本细分为固定成本与变动成本两大类，需注意单位固定成本是预估值。

第三步：结合假设条件，计算并评估关键指标，如单位边际贡献毛利率、盈亏平衡点的销量变动量等。

第四步：综合比较不同方案或选项的优劣，最终得出成本分析的核心结论。

3.1.2 如何进行客户分析：从需求入手，兼顾微观心理

客户分析是企业产品或服务设计的出发点，只有满足客户需求，企业才能生存。从价格管理角度看，客户分析主要包括客户需求分析与客户心理分析。

客户需求分析

客户需求分析是价格差异化的基础，核心在于洞察不同客户群体的共性与差异化需求，也被称为"市场细分"或"客户细分"。基于细分结果，企业才能设计和推出差异化的产品或服务，并制定契合客户支付意愿的价格策略。只有价格高于产品或服务成本，企业才能盈利。客户通过消费实现价值（也称"效用"）。价值可分为功能价值、体验价值及情感价值三种类型，前文已有详细介绍。当客户支付的价格低于其为获得价值的支付意愿时，会觉得买得值。若企业提供了优质服务，满意的客户会成为忠实拥趸，自发传播正面口碑，助力企业建立和维护价格形象。

严格来说，即使是相同产品，不同个体的支付意愿也有差

异。理论上，为实现利润最大化，应针对个体提供定制化产品或服务并设定差异化价格，但实际操作中，这样做不仅可操作性不强，而且可能违反相关法律法规。一方面，精准识别每位客户的独特需求有难度；另一方面，为个体定制服务并分别定价成本较高，可能远超潜在收益。所以，在客户需求分类实际操作中，通常采用折中法，根据客户共同需求特征划分需求大类与客户类型，提供不同价格的差异化产品满足各类客户需求。

在 C 端市场，依据对价格与整体价值的感知程度，可将消费者分为价格型、便利型、关系型和价值型四类，如图 3.7 所示。

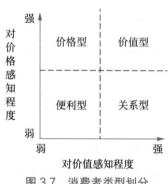

图 3.7　消费者类型划分

价格型消费者主要聚焦产品价格，只要产品能满足基本功能价值就行，不会为质量提升或更好的服务体验支付额外费用，低价策略的基础产品对这类消费者颇具吸引力。

便利型消费者对价格和整体价值的敏感度较低，更在意获取产品或服务的便捷性，倾向于选择距离近的门店或配送快的平台，重视购物过程的体验价值。他们并非不关注价值，只是最看重流程的简便和附加服务。

关系型消费者对价值有深刻认知，倾向于选择与自身价值观相符的品牌，对品牌的情感价值有强烈认同感，奢侈品品牌会员便是典型。产品型企业需在体验和情感价值方面发力，提高这类消费者的忠诚度与认同感。

价值型消费者追求价格与价值的平衡，既重视价格，又关注性价比，会仔细比较不同产品的性能和价格后再做购买决策，愿意为高品质产品和优质服务支付溢价。

与 C 端市场不同，B 端市场的交易主要在企业之间开展。企业以追求利润为核心，在做购买决策时会深入考量经济效益，价格因素因而至关重要。以工业品为代表的 B 端市场领域的客户对价格的敏感度高于 C 端市场的消费者。依据客户对价值的感知程度，工业品领域客户主要分为交易型客户和价值型客户。

交易型客户主要看重产品的功能价值，他们对所购产品有深入了解（或自认为如此），觉得市场上有大量同质替代品，只愿意为产品性能买单，价格是影响其购买决策的主要因素。

价值型客户在关注产品功能价值的同时，也注重产品的增值服务价值（体验价值），期望在购买产品后能获得专业技术咨询等服务。价值型客户的购买行为更像是采纳一种解决方案，而非单纯购买某一产品。在与价值型客户合作过程中，随着合作深度的增加，双方关系可能升级为"战略型"合作关系，这种合作关系在工业品领域尤为普遍，比如某工业原料厂商和某工业成品厂商联手成立项目组，共同为某企业定制大额订单投入资源、共享成果，达成互利共赢。

除了上述典型的基于价格视角的分类，客户类型还能依据具体业务场景另行划分。客户需求分析通常着重于人口统计学特征和行为特征两大核心维度。人口统计学特征涵盖年龄、性别、收入水平、教育背景、职业身份以及生活方式等；行为特征则聚焦于客户日常购买习惯、偏好倾向和行为模式，比如频繁购买的商品类型、访问频次等。一般而言，人口统计学特征和行为特征相近的人群，其需求也较为相似。借助统计分析方法，企业可以把具有相似特征的客户划分成特定类型集合，构建多元化的客户类型，以满足不同业务场景的需求。需要注意的是，一个客户可能同时属于多种客户类型，而且产品可以根据目标客户类型的特性来分类，产品型企业和零售商能够将特定产品推荐给具有相似特征且经常购买同类产品的客户群体。

客户需求分析离不开数据，不同行业客户数据的可获取性差异显著。互联网电商平台与互联网品牌凭借庞大数据资产，在客户类型研究上优势明显。重视数据资产管理与应用的互联网公司通常会组建专业数据分析和商业分析团队，运用多维度分析手段深入剖析市场、客户及产品。互联网电商平台普遍采用标签化管理模式定位客户与产品，为用户及商品赋予详尽特征标签，如"活跃用户""母亲群体""学生用户""价格敏感型商品"等，通过标签及组合实现"人、货、场"高效匹配，为用户推送个性化内容，用户反馈又促进算法优化，形成良性循环。

如图 3.8 所示，主要电商平台基于用户行为习惯生成高度个性化推荐首页，体现了强大数据分析与应用能力，验证了数据分析在客户需求分析中的核心价值。

图 3.8 主要电商平台"猜你喜欢"示例

传统零售商及产品型企业的数据量级与互联网电商公司差距明显，虽然它们也设置了市场洞察或数据分析团队，但受数据获取渠道限制，数据丰富度不足。为弥补这一不足，它们常借助第三方市场调研机构，通过"焦点小组"研究、街头访问收集问卷等方式获取数据，以深入理解客户需求，指导产品设计、服务优化及价格策略制定。从事价格管理工作的专业人员需处理企业内部敏感经营数据和大量客户数据，必须具备高度法律意识和数据安全意识，深入了解相关法律法规，确保数据处理和使用全过程安全合规。

在了解客户与产品价格角度的类型划分后，我们把关注点投向实际操作，即怎样从客户需求角度分析具体产品的价格。这里有三种常用分析方法：交换价值分析、联合分析和需求价格弹性分析。需要注意的是，除需求弹性分析可完全依据内部交易数据和模型开展外，其余两种分析方法都要通过市场调研来获取潜在用户的反馈。

1. 交换价值分析

交换价值分析用于创新型产品定价，这里的创新是指市场上尚无完全相同的产品，通过分析为其确定价格上下限。下限即价格底线，主要依据成本分析中的边际成本概念来确定。从成本分析原理来看，若定价低于边际成本，企业将无利可图，所以短期内，边际成本是价格下限；从长期来看，价格只有超过单位总成本，企业才能盈利，单位总成本是价格的长期下限。简而言之，交换价值分析的关键在于识别并量化创新产品相较市场上最接近它的产品，可以为客户带来的额外价值，进而确定客户的支付意愿，即价格上限。这可细分为两个关键步骤：第一步，明确市场中已有的替代品或间接替代品及其价格，这一过程也被称为确定参考价值；第二步，确定并量化创新产品与已有产品的差异化价值，如性能提升、维护费用降低、服务改进等。

确定市场中已有替代品需要产品或行业专家深度参与。在产品型企业的新品开发流程中，新品实际开发前期的客户需求调研与竞品分析阶段，就会明确新品开发方向。产品型企业普遍将罗勃特·G. 库珀（Robert G. Cooper）于 20 世纪 80 年代创立的 Stage-Gate System（门径管理体系）作为新品开发管理工具。该工具把新品开发分为五个阶段（Stage），每个阶段有特定活动任务，例如发现阶段（Stage 0）专注于市场调研、客户访谈等前期工作，强调跨部门协作。在价格管理机制健全的企业中，价格部门从发现阶段起就会有专人负责新品开发的定价策略直至项目结束。每个阶段结束前需通过"关卡"（Gate）审核，由公司高层及各部门管理层组成的决策委员会（Gate Keepers）评估，项目组要解答问题，委员会给出"继续推进（go）"或"终止项目（kill）"的意见。

图 3.9 展示了门径管理体系的核心流程。在发现阶段（Stage 0），多数企业只需基础报备说明即可启动，无须召开 Gate 会议审议。

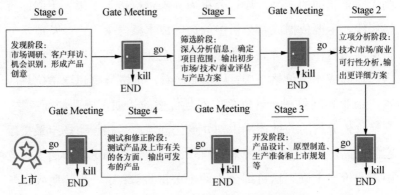

图 3.9　新品开发 Stage Gate 流程示例

价格管理在每个阶段的输出内容不同。

- 发现阶段（Stage 0）：与项目组一起参与用户访谈，洞察用户痛点，挖掘潜在机会点。在此阶段，收集并积累用户关注的潜在产品价值点，包括前文提到的三种价值类型。

- 筛选阶段（Stage 1）：在缩小创意范围后，收集已选定创意的现有替代品售价、渠道价格及成本信息，为决策提供依据。

- 立项分析阶段（Stage 2）：基于产品设计，结合客户及市场分析，用交换价值分析或联合分析等方法确定初步售价区间，与候选供应商沟通获取成本报价，支持定价策略制定。

- 开发阶段（Stage 3）：在制造过程中更新成本信息，在既定价格框架内与分销渠道沟通分销价格意向，输出初版价差体系和利润预测。

- 测试和修正阶段（Stage 4）：根据最终测试结果修正成本数据，调整价格分析结论，制定渠道激励政策和推广计划，与分销渠道确定最终零售及分销价格，制定新品价格体系。

- 上市后：持续监控各渠道售价，根据市场变化调整价格策略和促销投入，保障产品竞争力和盈利能力。

在遵循流程的基础上，产品经理或新品开发项目组会详细分析市场现有产品的构造、原材料供应商、成本估算、功能与客户价值、目标客户群体、销售渠道及定价策略等要素。筛选阶段（Stage 1）会系统收集市场现有替代品价格信息，这是交换价值分析与联合分析的基础。虽然两者基础相同，但应用情境和侧重点不同：交换价值分析侧重于创新产品（即市场尚无相似产品时），替代品分析关注客户解决特定问题的最接近替代品或方案；联合分析多用于微创新或小迭代产品定价，此时市场已有功能相近或档次相当的产品或方案。在实际操作中，交换价值分析倾向于选择性能最优的替代品对比，联合分析可能需要同时对比多个替代品。消费品产品型企业一般按照完整的 Stage-Gate 流程开发新品，除特殊法律法规要求的许可审批或长期技术研发（如保健品"蓝帽子"认证、创新药物临床试验）外，一般消费品新品开发周期为 6 ～ 8 个月（部分产品型企业已将周期缩短至 1 个月甚至 2 周）。产品创新程度越高，开发周期越长，如特效药仅临床试验就需数年。工业品因流通链路短，多数企业直接面向终端客户或通过单一渠道分销，在客户需求分析阶段能与客户更频繁互动，新品开发周期一般 3 ～ 6 个月，但大型机械设备除外。

创新产品的交换价值 = 近似替代产品价格 + 新品差异价值。我们以强生子公司 Cordis 于 2003 年 4 月推出的用于解决冠心病患者血流闭塞问题的创新性产品——Cypher 冠心病药物涂布支架为例，介绍革命性创新产品差异化价值的量化过程。

在 Cypher 上市前，冠心病患者主要使用裸金属支架，其平均售价约 1050 美元。研究表明，约 25% 使用裸金属支架治疗的患者在术后因器官排斥出现心血管阻塞症状，甚至复发冠心病。临床实验数据显示，Cypher 可将并发心血管阻塞的器官排斥概率降至 5% 左右，Cypher 是当时解决冠心病问题同类型产品中的最佳方案。当时，接受裸金属支架植入手术的患者单次手术费用共 12000 美元，其中包含 1050 美元的金属支架费用，以及住院费、手术室费用、医护人员费用、术后看护等费用。根据临床数据，患者有 25% 的可能因器官排斥并发症需再次支付 12000 美元进行二次手术，也就是说，使用裸金属支架的患者仅有 75% 的概率通过一次手术就能恢复正常生活。据此，计算患者使用裸金属支架这一近似替代品的潜在总花费如下：

- 单次手术成本：12000 美元 ×100%（必然花费）
- 发生排斥时重新手术额外成本：12000 美元 ×25%（排斥概率）
- 合计成本：12000 美元 ×100%+12000 美元 ×25%=15000 美元

我们以与使用裸金属支架相同的花费来计算患者认为 Cypher 与裸金属支架无差异时 Cypher 的交换价值。在近似替代方案中，手术总费用 12000 美元包含 1050 美元的支架费用，故不含裸金属支架的手术费用为 10950 美元（12000 美元 -1050 美元）。设 Cypher 交换价值为 X 美元，已知使用 Cypher 的排斥概率为 5%，由 15000=（10950+X）×100%+（10950+X）×5%，可得 X=3336 美元。由此可知，Cypher 相较于裸金属支架的差异化价值 =3336 美元 -1050 美元 =2286 美元。

Cypher 交换价值的案例计算未考虑重新手术的时间成本和

手术风险对患者生命安全的风险成本等因素。实际上，对患者而言，使用 Cypher 的潜在收益远大于已量化部分。因此，任何低于 3336 美元的价格都极具吸引力。

不考虑研发成本时，Cordis 生产 Cypher 的平均单位成本（即边际成本）为 375 美元，这构成了产品的理论价格底线。需要注意的是，一款新的药物或任何革命性创新产品在诞生前，都需冒着失败风险投入大量研发成本。以创新性原研药来说，据 2016 年塔夫茨大学约瑟夫·迪玛西（Joseph DiMasi）所率团队在《健康经济学杂志》（*Journal of Health Economics*）发表的研究显示：原研药的平均研发成本达 28 亿美元。所以，无论是从鼓励创新承担风险，还是从公司盈利角度看，创新型产品的定价都不可能只是为了回收成本。

最终 Cordis 公司综合保险公司、政府机构和自身需求，将 Cypher 价格定为 3195 美元。Cypher 以约为竞争者价格 3 倍的定价，在上市 9 个月内，使 Cordis 在美国的市场份额从 10% 提升至超过 60%，取得了巨大的市场成功。

在推广创新产品时，要重视与潜在客户沟通产品差异化价值的量化过程。从客户角度详细阐述并计算创新产品的利益与优势，比仅介绍创新功能更有说服力和吸引力。量化呈现产品的差异化价值本身就是一大卖点，要让客户明白购买产品并非单纯花钱，与市场现有产品或解决方案相比，创新产品虽看起来价格贵，但最终收益更大、长期花费更少、更经济。

如前所述，交换价值分析需融合产品、行业专家和科研人员的专业观点，精准选出最接近的替代品，把握创新产品与替代品的本质区别并量化。产品创新程度越高，量化价值的难度越大，对于革命性或颠覆性创新产品，需耗费大量时间和资源，甚至聘请专业机构，以保证分析的全面性和精准度。

2. 联合分析

联合分析（Conjoint Analysis），又称联合测量，是一种定量研究消费者选择偏好的方法，用于量化客户对可明确定义的产品属性的相对重要性，以及不同属性水平下的效用（经济学中衡量满足程度的指标）。在联合分析框架下，产品被视作多种价值属性的组合，包括产品成分、功能点、服务项和价格等，潜在的产品价格也是产品属性的一部分。在商业实践中，产品型企业推出的新品，90% 以上是在自身或竞争对手已有产品基础上的微创新或小迭代，多数新品能明确产品价值属性及其水平，符合联合分析方法的应用前提。通过分析消费者的偏好陈述，能够精准测算价格因素的影响权重，还能解析在特定价格下，不同产品属性对消费者选择的独立作用。不同的价值属性组合代表特定的成本结构，因此，联合分析可以找出哪种价值属性组合下客户的支付意愿最高，从而实现商业价值最大化。简单来说，联合分析将复杂的产品属性转化为统一、量化且可比较的效用单位（常以"效用"衡量），便于精准量化对比。例如，某产品土豪金色外观的效用值为5，黑色外观为1，这表明目标消费群体对土豪金色的偏好是黑色的 5 倍。

联合分析过程可分为以下四个步骤：

- **确定纳入分析的属性和属性水平层级**，要确保这些属性及其层级清晰，以便接受测试的目标消费者能够区分。例如，针对解决特定健康问题的保健品，需明确核心成分（如 A、B 两种成分）及其来源（如天然、人工两种来源），这里"成分"是属性，成分种类是层级。这一步需要依赖产品或行业专家的专业知识，在设计调研初期就聚焦核心属性与层级，以减少测试所需的属性与层级组合数量。假设测试涉及 4 种属性，每种属性设 4 个层级，理论上会产生 256 种（4×4×4×4）不同的"产品"组合供测试对象评估，过多的属性与层级会增加受试者的辨识难度、测试时间和调研成本。需要注意的是，当联合分析用于测量和确定产品的价格时，构建的产品属性组合中必须包含价格项，以测试多种潜在定价下的客户效用。

- **确定呈现测试产品组合的形式**，可以选择纯文字描述或图文结合的方式。随着信息技术的发展，可以借助计算机生成图文结合的仿真产品进行测试，增强直观性和真实性，近两年 AI 技术有望进一步提升测试呈现形式的仿真程度。联合分析早期（20 世纪 60 年代）受技术限制，多采用文字描述展示"产品"。为方便展示，本书示例以不同属性描述的组合代表"产品"。

- **设定评价标准**，主要考虑整体偏好与购买意向两个维度，即询问受试者对产品的喜好程度和购买意愿。严格来说，受试者的购买意向可能受消费预算限制，而喜好程度是不考虑预算时的消费意愿反映。鉴于调研目的是了解潜在目标消费者倾向购买何种属性组合的产品，一般以购买意向作为评价标准。

- **测量并分析数据**，常用方法有排名顺序法与配对比较法。排名顺序法要求受试者按购买意向或喜好程度对不同产品排序，得出各属性产品的排名并转化为评分；配对比较法则是将产品两两对比，让受试者指出偏好产品及程度，如图 3.10 所示。配对比较法虽能提高测试结果的可靠性，但会延长测试时间，如对 10 种产品两两比较，受试者需做 45 次选择。在实践中，排名顺序法因操作简便而被广泛应用。测量完成后，需处理和分析测试结果，计算每种属性及其层级的效用值。

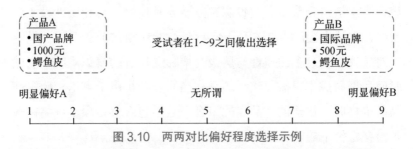

图 3.10　两两对比偏好程度选择示例

为了更深入地理解联合分析方法，我们通过一个具体且简化的实例来介绍。假设一家奶粉企业旗下有国际知名品牌和国内自有品牌，新品研发团队想了解不同品牌下不同成分奶粉的潜在价格，聚焦品牌、成分、价格 3 个核心属性进行量化分析。假设这 3 个属性层级划分一致（都只有两层），且其他变量（如奶粉净含量）都相同，以保证分析准确。

- 品牌：国际品牌、国内品牌
- 成分：营养元素 A、营养元素 B
- 价格：120 元、180 元

根据上述条件，可构造 8 种产品属性与水平组合，如表 3.4 所示。

表 3.4　联合分析示例——奶粉属性与水平组合

国际品牌 营养元素A 180元	国内品牌 营养元素A 180元	国际品牌 营养元素A 120元	国内品牌 营养元素A 120元
国际品牌 营养元素B 180元	国内品牌 营养元素B 180元	国际品牌 营养元素B 120元	国内品牌 营养元素B 120元

让潜在消费者对这 8 种产品按喜好程度排序（1 代表最喜欢，8 代表最不喜欢），某测试者的排序如表 3.5 所示。

表 3.5　联合分析——某测试者排序示例

国际品牌 营养元素A 180元	国内品牌 营养元素A 180元	国际品牌 营养元素A 120元	国内品牌 营养元素A 120元
排序=4	排序=8	排序=1	排序=6
国际品牌 营养元素B 180元	国内品牌 营养元素B 180元	国际品牌 营养元素B 120元	国内品牌 营养元素B 120元
排序=5	排序=7	排序=2	排序=3

我们将表 3.5 中的排序转化为 1 至 8 的打分，喜好程度排名越高则得分越高，转化后的得分情况如表 3.6 所示。

表 3.6　联合分析——产品得分示例

国际品牌 营养元素A 180元	国内品牌 营养元素A 180元	国际品牌 营养元素A 120元	国内品牌 营养元素A 120元
得分=5	得分=1	得分=8	得分=3
国际品牌 营养元素B 180元	国内品牌 营养元素B 180元	国际品牌 营养元素B 120元	国内品牌 营养元素B 120元
得分=4	得分=2	得分=7	得分=6

关键步骤是通过"效用"量化不同属性及其水平。某属性的效用是包含该属性产品得分的平均分，如"国际品牌"的效用是（5+8+4+7）÷4=6。用同样方法可计算品牌、成分、价格三种属性

下各自两种水平层级的效用值，如表 3.7 所示。

表 3.7 联合分析示例——产品价值效用计算示例

属性	水平	量化效用(utility)
品牌	国际品牌	(5+8+4+7) ÷ 4=6.00
	国内品牌	(1+3+2+6) ÷ 4=3.00
成分	营养元素A	(5+1+8+3) ÷ 4=4.25
	营养元素B	(4+2+7+6) ÷ 4=4.75
价格	180元	(5+1+4+2) ÷ 4=3.00
	120元	(8+3+7+6) ÷ 4=6.00

通常，属性效用值越大，其决策重要性越高。若某属性不同水平间效用值范围差异大，则该属性更重要。最高与最低效用值之差用来衡量属性的绝对重要性，不同属性极值之差占总和的比例用来衡量相对重要性。在示例中，品牌、成分、价格三个属性的绝对与相对重要性如表 3.8 所示。

表 3.8 联合分析——属性重要性评估示例

属性	绝对重要性	相对重要性
品牌	6.00-3.00=3.00	3 ÷ 6.5 × 100%=46.15%
成分	4.75-4.25=0.50	0.5 ÷ 6.5 × 100%=7.7%
价格	6.00-3.00=3.00	3 ÷ 6.5 × 100%=46.15%
合计	6.50	100%

根据表 3.8，品牌与价格的效用值范围（6-3=3）远高于成分（4.75-4.25=0.5），说明品牌与价格对潜在消费者的影响大于成分。

在本案例中，价格是测量属性之一。通过对价格属性效用的量化评估，可以赋予效用货币单位。价格区间 120 ～ 180 元，效用范围 3 ～ 6 效用单位，每单位效用对应的价格为（180-120）÷（6-3）

= 20 元 / 效用。由此可得：

- 国际品牌价值比国内品牌高（6-3）×20 = 60 元；
- 营养元素 A 替换为营养元素 B 的价值为（4.75-4.25）×20 = 10 元。

基于联合测量分析，我们还能回答诸如"'国内品牌＋营养元素 A'属性组合的产品价格设定为多少时才能将定价为 120 元的'国际品牌＋营养元素 B'属性组合产品的受试者吸引过来"这类的问题。已知国内与国际品牌效用差值为 -3（3-6），营养元素 A 与 B 效用差值为 -0.5（4.25-4.75），两属性合计差异 -3.5 效用，单位效用价格为 20 元，那么 -3.5 效用差值可以转化为 -70 元（-3.5×20）。所以只有当"国内品牌＋营养元素 A"属性组合产品价格低于 50 元（120-70）时，才可能吸引"国际品牌＋营养元素 B"属性组合产品的受试者。

不同消费者对属性与水平产品组合排序不同，会得出不同属性效用值。单一属性的整体价值效用是各测试个体价值效用的平均值。如 200 个测试参与者中"国际品牌"价值效用为 100 个 6 效用、50 个 3 效用、50 个 5 效用，则"国际品牌"整体价值效用 =（100×6+50×3+50×5）÷200＝5 效用。"效用"代表支付意愿，不同支付意愿可预估产品潜在需求曲线。根据赫尔曼·西蒙《价格管理理论与实践》中提及的吸引力模型，产品市场份额可用产品吸引力与所有产品吸引力之和的比率解释，如公式 3.8 所示。

$$某产品市场份额 = \frac{某产品的吸引力}{所有产品的吸引力之和}$$

公式 3.8　吸引力模型下产品市场份额计算

某属性与水平组合的产品效用值相当于产品吸引力，利用公式3.8可计算价格属性不同但其他属性相同的产品市场占有率，进而结合价格与市场份额数据推导出价格需求函数。根据表3.7中属性及水平的单位效用值，计算出表3.4中8种潜在产品的效用值，结果如表3.9所示，8种产品总效用值108。"国际品牌＋营养元素A"属性组合产品在两种价格下的市场份额分别为：

- 120元市场份额：16.25÷108×100%=15.05%
- 180元市场份额：13.25÷108×100%=12.27%

表3.9　联合分析示例——不同产品效用

国际品牌 营养元素A 180元	国内品牌 营养元素A 180元	国际品牌 营养元素A 120元	国内品牌 营养元素A 120元
13.25效用	10.25效用	16.25效用	13.25效用
国际品牌 营养元素B 180元	国内品牌 营养元素B 180元	国际品牌 营养元素B 120元	国内品牌 营养元素B 120元
13.75效用	10.75效用	16.75效用	13.75效用

以（120元，15.05%）（180元，12.27%）可得到"国际品牌＋营养元素A"属性组合产品的价格需求函数，如图3.11所示。

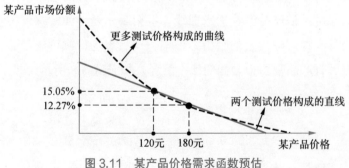

图3.11　某产品价格需求函数预估

价格力——用1%的力量撬动利润与规模双增长

在奶粉示例中，只测量两个价格属性构建了直线需求函数，在更复杂的联合分析场景中，价格属性数量增多会使需求函数呈曲线。基于需求函数可探讨产品的需求价格弹性，准确理解价格变动对产品需求量的影响。

同品比价是价格竞争策略的关键，如何定义和识别同品一直是价格管理人员的难题。将消费者认为不同的商品放在一起进行比价和跟价，不仅消费者对价格变化无感知，还会损失企业利润。对于品牌属性强的标品，判断相同商品较简单；对于品牌属性不强或生鲜类非标品，可借鉴联合分析思路判断相同商品，识别消费者在意的"关键属性"，将关键属性相同或相近的产品归为一类，提高同品比价准确度。企业可定期或不定期向消费者推送问卷收集关键属性信息，也可鼓励员工参与有奖调查获取消费者视角的信息。

实际的联合分析过程比示例复杂，测试属性量更多。企业通常会聘请专业机构组织执行消费者调研任务并分析数据，输出分析结论。联合分析技术自20世纪60年代发展至今已高度成熟，对该技术感兴趣的读者可查阅相关资料深入了解。

3. 需求价格弹性分析

我们已经介绍了两类依赖用户调研反馈的客户分析方法，现在介绍既广为人知又略显神秘的"需求弹性"分析。其广为人知是因为在涉及价格议题时，"价格弹性"被频繁提及；略显神秘是因为深入沟通后会发现大家对其计算及实际应用存在误解。

需求弹性全称为需求价格弹性（Price Elasticity of Demand），也叫价格弹性（Price Elasticity，PE），用于衡量消费者对价格变化的敏感程度，即价格对销量的影响。需求价格弹性通过需求变动百分比（$\Delta Q/Q$）与价格变动百分比（$\Delta P/P$）的比例来衡量，通常用销量代表需求，如公式 3.9 所示。

$$需求价格弹性\varepsilon = -\frac{销售变动百分比}{价格变动百分比} = -\frac{\Delta Q \div Q}{\Delta P \div P}$$

公式 3.9　需求价格弹性计算

对于需求价格弹性公式，需注意以下几点：

• 需求价格弹性系数严格意义上是负数，因为价格与需求呈反比，价格上升需求减少，价格下降需求增加。比如泰国榴莲丰收时价格下跌、消费量上升，广东荔枝因雨水减产则价格上涨、购买量减少。但在实际应用中，为便于计算和理解，常将其看作正数。

• 计算销量或价格变动百分比时，常以变动前后的算术平均数作基数。例如商品价格从 10 元涨到 12 元，价格变化 2 元，以（10+12）/2=11 为基数，价格变动百分比就是 2÷11×100%=18.18%。

• 在具体产品需求价格弹性计算中，数据量越多、时间跨度越长，结果可靠性越高，丰富的数据更能反映消费者购买行为和外部条件变化。

需求价格弹性系数有三种特殊情况和两种常见情况：

• 弹性系数→ 0，表示需求完全无弹性，见图 3.12（1），价格变化时需求量基本不变，如慢性病病人对某种药物的依赖。

• 弹性系数→∞，表示需求完全有弹性，见图 3.12（2），在固定价格下有无限需求，现实中"无价"艺术品接近这种状态，像"蒙娜丽莎的微笑"。

• 弹性系数 =1，代表需求弹性单一，价格变化百分比与销量变化百分比相同，在现实中很少出现。

• 0 <弹性系数< 1，代表需求缺乏弹性，见图 3.12（3），销量变动率小于价格变动率，这是常见场景。

- 1<弹性系数<∞，代表需求富有弹性，见图3.12（4），销量变动率大于价格变动率，也是常见场景，日常生活中人们对品牌商品价格比较敏感。

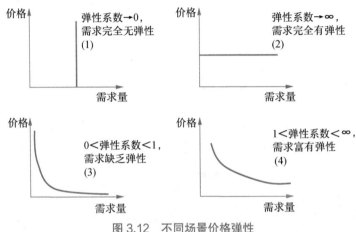

图3.12　不同场景价格弹性

总体而言，需求价格弹性的高低取决于产品差异化程度，市场中可替代产品多且转换成本低时，消费者价格敏感度高。需求价格弹性分析在竞争激烈、产品同质化高的行业尤为重要，例如零售商据此制定促销策略。需求价格弹性具有相对性，在同类商品中，需求价格弹性系数较高的商品，消费者对其价格变动更敏感。

短期来看，弹性高的商品降价能促进销量增长，企业倾向于采用这种方式争夺市场份额；弹性低的商品价格调整对需求影响小，企业更可能选择涨价策略来提升整体收益。

接下来探讨需求价格弹性较神秘的部分。计算需求价格弹性时，由于需求很难即时捕捉和量化，常以销量变动替代需求变动。多数情况下，企业仅掌握自身销量和价格数据，获取竞争对手或整体市场数据需借助第三方机构。掌握市场整体销售数据的机构有三类：一是统计局等官方机构，发布宏观统计数据；二是行业协会组织，如汽车销售领域的乘联会、中汽协掌握全国车型级别销售数据；三是营利性市场研究机构，如 GFK、尼尔森等，它们通过与零售商、生产商合作或实地调研收集数据，如图 3.13 所示。产品型企业通常按季度购买行业或品类级别整体研究数据和需求价格弹性监测结果，若需基于日维度销售数据预估单品需求价格弹性，企业则更倾向于直接使用自有数据计算。

品牌厂商销售数据　　　　　　市场研究机构数据
各种时间维度的记录　　　　　　季度分析/周度监测报告

政府统计系统数据　　　　　　行业协会组织数据
统计年鉴、季度数据等　　　　　各种趋势及行业数据

图 3.13　需求价格弹性计算主要数据来源

基于产品型企业自身交易数据计算的需求价格弹性系数有一定局限性，因为它忽略了竞争对手价格变化对自身需求的影响，结果可能有偏差。成本分析部分介绍过替代品相关内容，当竞争对手价格变化（如降价）时，会促使消费者购买其替代产品。这种情况下，可用"需求交叉价格弹性"衡量竞争对手价格变化的影响。将公式 3.9 中的"价格变动百分比"替换为替代品或互补品价格变动百分比，就得到量化公式 3.10。

$$需求交叉价格弹性\varepsilon = \frac{（自身）销售变动百分比}{替代品或互补品价格变动百分比}$$

公式 3.10　需求交叉价格弹性计算

鉴于市场竞争数据获取成本问题，通常仅针对核心商品评估需求交叉价格弹性，以识别哪些产品销量易受竞争对手价格调整影响。对于需求交叉弹性敏感的商品，替代品间销量此消彼长，竞争对手降价会蚕食企业存量消费者需求，所以识别出的这类商品应作为与竞争对手进行价格竞争的重点。一般来说，替代品需求交叉价格弹性为正，互补品为负，接近零则无直接影响关系。

除依据既有数据计算需求价格弹性系数外，还可有意识地进行需求价格弹性测试来量化主要商品的需求价格弹性系数。在市场规模、消费者收入水平、消费习惯相近的市场调整商品价格并观察销售变化，这不仅能验证价格敏感商品筛选方法的适用性，也能为无历史销售记录的商品评估需求价格弹性。

需求价格弹性分析在应用中有几点易被忽视：

- **产品需求价格弹性≥品类需求价格弹性**。当市场中个别品牌涨价时，消费者容易转向购买其他品牌替代品，但当品类下所有品牌涨价时，消费者只能减少购买，而非转向其他品类。良性价格竞争有助于行业优胜劣汰，恶性竞争可能导致品类或行业混乱，比如拼多多的低价策略就饱受争议。

- **不同数据周期计算的需求价格弹性系数不同**。短期用户购买行为相对稳定，但如果时间跨度过窄，如仅基于一日数据考察，或者数据量严重不足，如四周内只有少量记录用于计算弹性系数，结果可靠性会降低。建议使用滚动四周数据集，数据不足时可合理引入历史数据补充。

- **商品需求价格弹性系数主要用于评估价格敏感度相对层级，而非直接用于销量预测**。实际操作中，可根据弹性系数高低将商品分为高、中、低弹性三类，采取不同价格策略，高弹性商品侧重于引流增销量，中弹性商品用于平衡销量与毛利率，低弹性商品侧重贡献毛利率。

- **在相同品类下进行需求价格弹性高低分层才有应用价值。**以多品类零售业态为例，蔬菜水果类商品需求价格弹性系数显著高于包装食品、日化及家具类商品。若将这些消费频次和特性不同的品类混同分析对比，可能导致高弹性商品主要来自蔬菜水果类，进而使价格策略偏离。更恰当的做法是分品类进行价格敏感性分层，还原消费者购买场景，形成代表完整消费者需求的"高弹性"商品组合。

需求价格弹性分析的核心作用是辅助差异化程度低的产品进行价格调整决策。在竞争激烈的市场中，企业需精准把握商品价格敏感性来实施差异化价格策略。

客户心理分析

客户心理分析是在宏观分析客户需求基础上展开的微观用户行为偏好研究。在这部分，我们将介绍与价格密切相关且成熟的客户心理与行为分析结论，以此提高价格管理工作的效率和效果，具体包括价格尾数效应、价格锚定效应、中间选项效应、前景理论、价格声誉效应、价格质量效应。

价格尾数效应：这是价格领域常见且应用广泛的心理理论，核心是保留商品价格尾数而非采用整数，使消费者视觉上感觉价格更低。尾数常选有吉祥寓意的数字，如"6""8""9"，既能带来"便宜感"，又有"吉利"的心理暗示。例如，10000 元的商品标价 9999.9 元，会让消费者觉得价格还是几千元，从而加快购买决策。

价格锚定效应：指客户在衡量价格不明的商品时倾向于寻找参考点，可能是过往购买经验，也可能是商家构建、引导的价格。在实践中，常用于价格和促销的前端导购优化。电商和线下零售商常展示"双价格"，一个是实际售价，另一个是被划掉的优惠前原价，原价作为价格锚点传递"优惠""让利"信息，促进购买（图3.14）。在线下零售中，商品陈列也会运用此效应，如将定价1.8元的不知名罐装啤酒置于3～6元的品牌罐装啤酒中间，可提高消费者购买前者的概率，品牌啤酒在此起到了价格锚点的作用，凸显出1.8元啤酒的实惠。

图3.14　线下线上"双价格"示例

中间选项效应：这是常见市场现象，当消费者对商品成本及其他价值属性无特定偏好，在做购买决策时，往往倾向选择价格居中的选项。在餐厅就餐等场景中，顾客进入一家不熟悉的餐厅，面对三款不同价位的推荐套餐，常发现豪华版套餐价格高，经济版套餐显得"寒酸"，多数顾客会倾向于选择中间价位的套餐，这种选择相对"安全"。中间选项受欢迎是因为它降低了选择难度，可避免买到低质量商品或超支。企业在价格管理中可利用此效应引导购买行为，设计产品价格体系时，在同一价格档次内设置三款左右价格不同的子产品，形成价格区间，中间位置产品通常销量最佳。但要注意，价格选项不宜过多，否则会增加选择难度，使消费者困惑甚至放弃购买。

前景理论：又称展望理论，由著名认知心理学家丹尼尔·卡尼曼基于边际效用递减理论创立。其核心是多数人对损失和收益的敏感度不同，对损失的痛感强于对收益的愉悦感。以保险行业为例，保险保障不确定事件，收益不即时，客户付保费有"损失"感，若以月续费会每月体验一次这种"损失"，导致续保意愿降低，年付则可降低"损失"感受频率，提高续保率。保险公司续保通常还送礼品、购物卡或"现金返还"，相比保费小额折扣，更能让客户有收益感。策划促销活动时可借鉴此思路，用实物赠品代替直接降价竞争，增强和放大客户的"收益"体验。例如，对于零售价1000元、毛利率40%的商品，拿出一半毛利即200元作为赠品采购预算，购买1000元商品送价值300～500元赠品的促销方式，可能比直接降价200元对客户的购买刺激作用更大。在相同销售价格下，商品单价越高，这种对比带来的"收益"体验越强。

价格声誉效应：也称"凡勃伦效应"或"虚荣效应"，由经济学家托斯丹·凡勃伦提出。在此效应中，商品价格不仅体现支付意愿，还象征购买者的财富、权力和社会地位。这类商品价格上涨时需求可能增加，如2024年爱马仕、劳力士、梵克雅宝等奢侈品牌涨价却引发抢购热潮。

价格质量效应：即"一分价钱一分货""便宜无好货"的观念，当消费者难以评估产品质量时，价格常被视为质量标准，高价通常意味着高质量。如百元商品降至20元，消费者会怀疑其质量。价格管理人员制定新品定价策略和推广时，需充分考虑此效应的影响。尤其是企业通过技术创新大幅降低成本后，若新品定价为同类产品一半，价格管理部门应提醒市场推广部门重点强调技术升级原因，避免消费者因价格让利大而质疑产品质量。实际操作中，即便新品成本结构支持更大幅度降价，企业也不会贸然一步到位，而是倾向分阶段、有节奏地调整价格，在最大化利润空间的同时，为市场提供充足时间，让消费者理解并接受新品"高性价比"。需注意，价格与质量的关联假设建立在消费者难以全面评估产品质量这一前提之上。

在价格管理中，理解这些客户心理虽不能直接确定产品价格，但能助力价格管理人员设计更符合人性的价格体系，提升客户购买决策的效率和效果。

3.1.3 如何进行竞争分析：宏观市场判断与微观竞对识别结合

在竞争分析部分，我们将从宏观市场竞争类型、微观竞对与竞品识别以及常用的竞争分析方法这三个方面展开介绍。

宏观市场竞争类型

对于大中型企业，其组织分工明确，市场研究或商业分析团队负责宏观层面的市场分析工作；小规模企业组织分工较模糊，价格团队可能要兼任部分宏观市场竞争分析职责。宏观市场竞争分析是微观价格竞争分析与策略制定的基础，价格管理人员需掌握市场竞争的基本类型。从宏观经济学角度看，市场竞争分为完全竞争市场、垄断竞争市场、寡头垄断市场和完全垄断市场，如图 3.15 所示。

图 3.15　市场竞争的四种类型

　　这四种类型代表了市场竞争的四个阶段，垄断程度依次递增。理论上，竞争会使市场从完全竞争走向完全垄断，但现实中，各国的反垄断法会对企业垄断行为进行监管和约束，政府监管部门会对违反反垄断法的行为采取措施，如高额罚款、强制拆分企业等。例如，1911 年美国最高法院裁定将洛克菲勒家族掌控的美国标准石油公司拆分为 34 家地区性石油公司；近十年，微软因违反欧盟反垄断规定累计被罚款近 22 亿欧元（约合人民币 172 亿元）。

　　完全竞争市场是一种只有竞争、无垄断的市场状态，现实中很难找到，蔬菜水果市场接近这种状态。该市场状态下，厂商数量多、产品差异化小、行业进入门槛低，产品价格由市场供需关系决定。即便有差异化产品带来高利润，也因行业进入门槛低，溢价效应难以持久。一旦某产品因独特性获高利润，就会吸引大量新厂商，导致市场饱和，厂商只能降价争份额。如"阳光玫瑰"葡萄，曾是高端品种，后因种植面积扩大价格下跌，体现了完全竞争市场中"需求—供给—价格"的变化循环（图 3.16）。

　　垄断竞争市场中垄断与竞争并存，竞争占主导，常见于消费品行业。其特点是厂商数量多、产品有一定差异、行业准入门槛

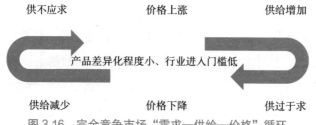

供不应求　　　　　价格上涨　　　　　供给增加

产品差异化程度小、行业进入门槛低

供给减少　　　　　价格下降　　　　　供过于求

图 3.16　完全竞争市场"需求—供给—价格"循环

适中，产品定价受差异化程度和竞争态势影响，价格管理更注重策略。在这种市场环境下，有限的产品差异化未使同行业产品形成完全不可替代的壁垒，促使厂商激烈竞争。为避免价格战，企业普遍将资源集中于产品或服务的差异化建设，期望凭独特性脱颖而出。实力雄厚的企业会构建多元化产品或服务体系及子品牌矩阵，精准满足各类消费者的差异化需求，实现"总有一款产品适合你"的市场愿景。宝洁与联合利华等是这类企业的典范，它们凭借集团品牌支撑，持续孵化各具特色、定位鲜明的子品牌，回应市场多样化需求，巩固竞争优势。

寡头垄断市场中垄断大于竞争，航空、石油、通信等行业是典型代表，其特点是厂商数量少、产品可能有差异或无差异、行业进入限制严格。厂商通过价格手段争市场份额，收益管理是主要价格管理方法，属该类型市场的行业是政府监管重点领域。过去，寡头垄断企业常通过私下协议或联盟瓜分、控制市场和操纵价格。根据寡头间合作形式寡头垄断可细分为卡特尔、辛迪加、康采恩、托拉斯四种形式（此处不展开，感兴趣的读者可阅读宏观经济学书籍）。

完全垄断市场是市场被唯一厂商垄断，电力、自来水等公共服务类行业比较典型。该市场厂商唯一、无竞争产品、行业基本不开放进入，产品价格主要由政府监管部门制定。

完全竞争与垄断竞争是市场竞争的常见类型，是企业宏观竞争分析的主要对象，也是竞对和竞品识别内容的基本语境。

与产品型企业相比，多数综合类零售商通常经营多种产品，且这些产品常处于不同市场竞争环境（表 3.10）。鉴于此，零售商必须针对各类产品制定差异化经营策略，这也是多数零售商采取分品类管理模式的原因之一。大型产品型企业也会划分产品线进行管理。

表 3.10　主要市场竞争类型特点概览

市场类型	厂商数量	产品差异化程度	行业门槛	代表行业/产品
完全竞争市场	众多	差异化程度低	很低	农林牧副渔等行业/产品
垄断竞争市场	较多	有一定差异	较低	零售业
寡头垄断市场	几个	有差异或无差异	有限制	航空、石油、通信等
完全垄断市场	单一	无竞对/竞品	无法进入	电力、自来水等

微观竞对与竞品识别

在价格管理的竞争分析框架中，微观层面的竞对与竞品识别至关重要，是日常价格运营工作的核心。

竞对是指行业内争夺市场份额的各方。识别竞对需了解行业参与者、评估其综合实力，结合企业自身情况确定主要竞争对手，客户选购产品时的备选品牌或零售商构成竞争关系。多数企业初创时就对主要竞争对手有清晰认知，价格管理人员在这方面通常不用耗费太多精力。

价格管理人员需更多关注竞品的选择。竞品是具有替代性的产品，包括直接竞品、间接竞品和潜在竞品（竞对也可如此分类，但此处不深入讨论）。直接竞品面向相同目标用户，功能相同或满足同一需求，如蒙牛纯牛奶与伊利纯牛奶；间接竞品目标用户群有差异，但产品功能与特性相近，通过不同解决方案满足相同需求，如扫码支付与信用卡支付；潜在竞品当前竞争态势不明显，但未来可能成为竞争对手，如手机取代MP3的初期阶段。直接竞品是价格管理的核心，列为"重要且紧急"，企业会集中人力和资源研究实施策略；间接竞品和潜在竞品归为"重要但不紧急"，间接竞品重要性略高于潜在竞品。企业研发新品时会系统性审视这三种竞品，为新品确定更明确的市场定位。在交换价值分析中，因市场直接竞品稀缺，差异化价值计算常基于间接竞品或潜在竞品推导和评估。

在市场上，商品可划分为"标品"与"非标品"两大类。标品有统一技术要求、质量标准和规格参数，如电子设备、包装食品、日用品等，消费者对其功能、质量和价格有明确认知，评价标准客观，多数标品有"69码"。"69码"常印在产品外包装上，由13位数字组成，前3位代表国家或地区代码（690-699为中国代码），中间9位是生产厂商代码（由中国物品编码中心分配），最后1位是校验码（用于技术校验）。通过输入"69码"可在中国物品编码中心官网查询商品详细信息。

图3.17展示了某商品的"69码"示例。需注意，"69码"识别的同品是完全相同的商品，这种识别方式在零售价格管理中尤为关键。但对于产品型企业，因不可能与竞争对手生产相同"69码"的商品，在识别同品时，需参考联合分析思路，结合专家意见和用户调研反馈，确定影响消费者购买决策的"关键属性"。鉴于标品在产品成分、配置、外观及功能等方面的标准化要求，标

品制造商识别竞争对手产品相对容易，如功能配置相似的手机、电脑等。但要注意，并非所有带"69码"的商品都是严格意义上的标品，如服装常被归为"标品中的非标品"，其同品识别应参照非标品的识别方法。

图 3.17　某产品"69码"示例

　　非标品生产销售标准化程度低、行业门槛不高、厂商众多、竞争激烈，消费者评价标准不一。生鲜类商品如水果、蔬菜是典型非标品，同品判断需考虑关键属性，如水果的品种、产地、重量等。商品识别精度影响价格管理策略效果，产品线丰富的企业常设立商品属性管理部门或岗位负责属性维护和品类划分，还会组建跨部门项目小组制定同品识别标准和进行实物抽样。实物抽样可测量无法通过商品描述识别的属性（如水果的糖度），验证竞品宣传真实性，还可邀请供应商参与改进。

　　在谈及竞品属性分析时，部分读者可能好奇如何获取竞品相关属性信息。一方面，国家法律法规要求商家披露商品名称、品牌、型号、规格等信息；另一方面，商家会主动展示商品关键属性作为卖点，这些信息常见于商品描述文字、商品宣传海报（电商领域的"主图"）等位置。利用这两个信息来源可满足竞品"关键属性"分析需求，不过获取信息过程需借助一定技术和运营流程保证准确性和时效性。

根据行业经验，完全竞争市场中产品类型以非标品为主，体现市场的高度灵活性和多样化；垄断竞争市场中产品类型以标品为主，反映市场一定程度的集中和标准化趋势。在完全竞争市场中，企业为应对竞争普遍采用需求价格弹性分析方法，通过锚定主要竞争对手及其产品价格，实施比价跟价策略，灵活调整自身产品价格，确保竞争力。在垄断竞争市场中，企业更注重产品差异化定位与设计，在此基础上，采用交换价值分析和联合分析的方法确定商品价格，通过差异化价格策略满足不同客户需求，实现客户价值最大化。

常用的竞争分析方法

常用的竞争分析方法有三种：波特五力模型分析法、SWOT分析法和对标分析法。波特五力模型分析法侧重于宏观行业分析；SWOT分析法灵活且应用广泛，可用于行业和竞争对手分析；对标分析法则着重于企业与产品层面的深度对标。关于波特五力模型分析法和SWOT分析法的参考内容较多，这里不再赘述，感兴趣的读者可阅读附录中对这两种方法的介绍，在此重点介绍看似简单却极为实用的对标分析法。

在竞品划分体系里，依据竞品的可借鉴程度，我们将其明确划分为"标杆竞品"与"低阶竞品"两类，这构成了竞对与竞品对标分析的核心基础。简单来讲，对标分析就是深入挖掘标杆竞品的优点，以便复制和学习其成功经验，同时剖析低阶竞品失败的原因，从而有效规避潜在风险和不足。对标分析法主要聚焦企业和产品层面的深度剖析，所以更注重挖掘和分析对标企业、产品在执行层面的策略和行动。一般而言，对标分析工作围绕三个核心维度展开：一是对比分析自身与对标企业或产品之间的共性与差异，并揭示深层次原因；二是评估对标企业或产品的优势与劣势，明确其市场定位和竞争力；三是基于上述分析提出具体的借鉴和改进措施，指导战略调整和实践优化。具体分析内容的广度和深度取决于对标的范围和目的。例如，我们可能针对不同企业的价格策略或选品策略进行对标分析。下面以价格竞争策略为例，简要介绍三个主要分析维度。

其一，在分析自身与对标企业价格竞争策略的异同点时，可从"规则层""产品功能层""运营层""效果层"四个维度细致剖析，保证分析全面严谨。在"规则层"，要关注对标企业和本企业在参与市场竞争时，竞争品类及具体产品的选定原则、同类产品辨识准则、价格比对与跟价策略的频率和力度规则等方面的共性和差异。这些规则是价格竞争策略的基础框架，其异同直接反映企业的竞争策略导向。在"产品功能层"，分析应集中于功能细节，以更清楚地认识不同企业的产品功能优劣，以及这些差异对价格竞争策略实施效果的影响。"运营层"的考察涵盖运营组织的架构与分工、运营流程的顺畅程度、部门间协作模式、问题应对机制的有效性、关键运营指标与策略执行方式等。这些要素构成企业价格竞争策略的执行体系，分析其异同有助于深入理解企业在运营层面的差异和特色。"效果层"的分析侧重于效果评估指标的选择与设定、消费者反馈的收集与分析等。通过对比不同企业在这些方面的表现，可以更直观地评估各企业价格竞争策略的实际效果和消费者接受度，为企业未来策略调整提供依据。

其二，在深入分析第一步确定的相同点和不同点的基础上，进一步提炼出各自的优势和劣势。共同点和差异点都可能隐藏着优势或劣势因素。比如在同品识别技术方面，某企业和竞争对手都以图片和文本解析技术为核心手段，但竞争对手在 AI 领域有更丰富的应用经验，其识别效率和精准度有显著优势。

其三，改进与借鉴措施的核心策略是学习对标对象的长处，弥补自身的不足。明确对标对象的具体优势是制定针对性改进措施的关键。例如，通过深入对标分析，发现对标企业在比价跟价环节设立专门外包团队，高效追踪和处理相关问题，显著提升了投入产出比和效率。对此，我们可以优化自身运营流程，借鉴竞争对手的有效运营模式，引入类似的问题解决机制，以收到类似或更好的效果。

常用分析方法提供了分析切入点，但实际分析不限于这三种方法。解决问题是目的，分析方法是手段，选择何种分析方法要依据具体问题的类型而定。价格管理人员应借鉴经典方法，积累个人分析思路，形成独特方法论，提高工作效率。团队管理者要给予方向指引、分析思路和方法，鼓励团队沉淀经验，形成系统方法论。

3.2　两类定价模式与三种定价方法

定价方法与应用如同人体的"血液"，而"3C"分析及三种主要定价方法，恰似血液中的白细胞与各类抗体，持续助力企业识别、优化并解决业务发展中的价格难题。

从成本、客户、竞争这三个维度进行的分析，对应了三种定价方法：成本加成定价、客户价值定价以及竞争定价。这三种定价方法因定价出发点不同，又可分为两种定价模式：推动式定价与拉动式定价。

3.2.1　推动式定价模式与拉动式定价模式

成本加成定价以产品成本为核心出发点，采用"由内而外"的定价逻辑，即在企业内部成本基础上确定对外销售价格。这种定价模式属于基于成本的定价模式（Cost Based Pricing，CBP），是一种推动式（Push）定价模式，价格被当作一种向客户施加的外部条件。

与之相反，另一种定价模式以客户价值这一外部因素为出发点，遵循"由外而内"的定价逻辑，被称作拉动式（Pull）定价，全称为基于价值定价（Value Based Pricing，VBP）。客户价值定价与竞争定价本质上都属于拉动式定价模式，即它们都从客户需求及支付意愿出发设定价格，然后依据成本控制原则设计并生产相应产品。推动式定价模式与拉动式定价模式的内在逻辑链路可进一步简化为图 3.18 所示。

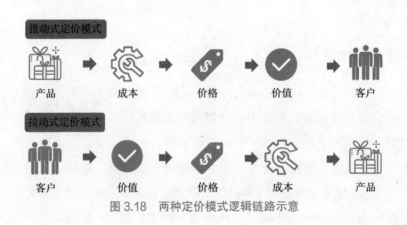

图 3.18　两种定价模式逻辑链路示意

3.2.2 成本加成定价、客户价值定价与竞争定价方法应用

成本加成定价

成本加成定价作为一种推动式定价模式，是在商品单位成本基础上加成一定百分比来确定价格（公式 3.11）。

$$价格 = 单位成本 \times (1 + 加成比例)$$

公式 3.11　成本加成定价公式

我们在成本分析中提到，总成本由变动成本与固定成本两部分构成。具体来说，变动成本与销量或产量的波动紧密相关，会随之变化；而固定成本相对稳定，在短期内保持恒定。需要注意的是，在业务初创阶段，由于生产效率难以迅速提升等多种因素的限制，单位总成本通常较高。为保持商品的市场竞争力与价格优势，企业短期内更倾向于以单位变动成本作为加成计算的基础。然而，从长期来看，随着企业规模效益逐渐显现以及生产效率持续提升，单位总成本将成为加成决策的基础。当然，也存在特殊情况，比如产品凭借高度差异化或独家创新技术在市场上占据独特地位，缺乏直接竞争对手，此时企业可能直接以单位总成本作为加成基础，以充分发挥其市场优势与利润空间。

加成比例的设定是成本加成定价体系的关键环节，其确定过程一般有两种主要思路：一是围绕企业的毛利目标，二是参照行业普遍的毛利水平。企业每年制定经营策略时，会综合考虑内外部因素，设定明确的发展目标，并将总体毛利目标细化到各个最小经营单元。在这些经营单元内部，毛利目标会进一步细化。例如，若某产品线的目标毛利率为10%，通过公式3.12所示的毛利率与加成比例之间的转换公式，可计算出相应的加

成比例为 11.11%。

$$加成比例 = \frac{毛利率}{1 - 毛利率} \times 100\%$$

公式 3.12　毛利率转换加成比例公式

在实际操作中，价格管理部门需与产品或品类管理部门紧密合作，将毛利目标分解到具体的产品系列。需要注意的是，即使在同一产品线内，不同的产品系列也可能因独特的市场定位和客户需求而拥有不同的加成比例。这一决策过程需要综合考虑价格档次定位、价差体系设计、客户心理预期以及分销渠道利润等多个因素，以确保最终定价的合理性与竞争力。此外，对于成本相近但功能有差异的产品，企业通常会通过提炼差异化卖点来区分产品价值，并据此设定不同价格，以保持合理价差。然而，直接通过单位成本和加成比例计算出的价格有时可能不太"友好"，比如 10.01 元。针对这种情况，企业往往会根据目标市场的特点，运用尾数效应理论对价格进行微调，如将 10.01 元调整为 9.99 元以吸引消费者的注意。而对于单价低的商品，由于微小的价差可能对整体收益产生显著影响，企业也可能会直接采用计算得出的价格。

基于行业毛利水平加成的方法是依据行业长期发展过程中形成的平均利润水平来确定加成比例。这一数据可以通过市场咨询调研公司的行业报告获取，或者参考企业内行业专家的经验积累。以综合性零售平台为例，不同品类的商品往往具有不同的毛利率水平范围，如生鲜类商品为 14%～18%、食品类商品为 8%～12%、百货类商品为 20%～30%。企业可根据这些行业经验值设定相应的加成比例，以指导定价决策。然而，需要注意的是，不同细分领域的行业平均利润水平可能存在差异，且受市场竞争状态的影响较大。因此，在实际应用中，企业需结合具体情况进行分析，以确保定价策略的针对性和有效性。价格管理部门还需密切关注所在行业的市场动态，尤其是主要竞争对手的毛利水平变化，以便及时调整自身的定价策略，并积累相应的行业毛利水平数据库，作为未来定价和变价的参考依据。

成本加成定价的核心是在自身成本基础上，确保收益不低于一定比例，即加成的依据。价格管理部门在审核变价申请时，应基于成本分析所揭示的盈亏平衡销量阈值（图3.6），进一步加入保底毛利额的要求，估算降价所需达到的销售增长量。通过将盈亏平衡点 BEP 的计算公式（公式 3.5）与保底毛利额的要求相结合，可推导出考虑保底毛利额要求后的 BEP 销量计算公式（公式 3.13）。

$$BEP销量 = \frac{固定成本 + 保底毛利额}{单位边际贡献}$$

公式 3.13　考虑保底毛利额要求的 BEP 销量计算

成本加成定价法因操作简便、易于理解，且定价基础涵盖成本与收益两项核心经营指标，相比其他定价方法更为稳健，所以得到了广泛应用。然而，该方法也存在明显局限。首先，其单位成本计算依赖特定的销量预测，即预设需求条件，却未考虑价格变动对销量的潜在影响，隐含了销量恒定的假设。其次，该方法倾向于将价格"强加"给客户，而实际上，客户对产品价值的认可程度而非企业的生产成本，才是决定其支付意愿的关键因素。若企业因生产效率低下导致单位成本高于行业平均水平，依此制定的价格往往难以在市场中保持竞争力。

为规避成本加成定价法的这些不足，采用该方法的企业通常会定期调整价格，以应对成本变动及市场需求预期的变化。分销渠道较短的企业，通常以季度为单位进行价格回顾与调整；分销链路较长的企业，则倾向于以半年为周期进行相应调整。实际上，参照行业利润水平作为加成依据的定价，相当于在一定程度上考虑了行业竞争因素的影响。行业利润水平作为行业内各竞争主体长期博弈的产物，直接反映了行业的整体竞争态势。

在标准组织分工中，财务团队或商业分析团队负责设定整体毛利目标，而价格管理部门与产品部门需紧密协作，细化产品线及具体产品系列的毛利目标。财务部门通常负责成本数据获取，但部分企业也将成本管理职能并入价格管理部门。因此，对于价格管理领域的深入发展，掌握扎实的财务分析与商业分析知识与技能尤为重要。

客户价值定价

客户价值定价作为一种拉动式定价策略，核心是依据客户的实际需求及支付意愿来确定价格，它不仅是一种定价方法，更是一种由客户价值驱动的经营策略。在这种模式下，企业遵循"先价格，后产品"的产品开发路径，即先根据客户支付意愿确定价格，再据此设计、生产和制造出既能满足客户需求，又能实现企业收益优化的产品。不过，这种经营策略和定价方式并非适用于所有行业和产品领域。

在差异化程度高、准入门槛高的领域，如部分快消品行业，由于利润空间充裕且供应商选择多，实施"先价格，后产品"的模式具有可行性。然而，在产品同质化严重、竞争激烈的领域，企业难以完全基于客户支付意愿找到匹配的供应商，除非采取成本补贴等特殊手段增加合作吸引力。

所谓的同质化产品，实际指的是特定产品的功能、体验以及情感三种价值在市场中欠缺差异性。那些对消费者而言毫无价值差异的产品，在定价上没有溢价可言，只能随行就市"卷价格"。每一款产品所蕴含的具体价值点，是产品采用客户价值定价的基础。

交换价值分析和联合分析是客户价值定价的基础。交换价值分析尤其适用于创新型产品定价，即市场尚无相似产品的情况。在这种分析中，近似替代品的价格与创新产品的差异化价值是两大核心要素，其中差异化价值的量化尤为重要。即便借助行业专家和市场研究机构的力量，差异化价值的衡量也难以做到绝对精准，只能不断接近真实水平。关于这一点，可参考交换价值分析章节中强生子公司 Cypher 冠心病药物的定价实例。

在新品引入期，"撇脂"策略和"渗透"策略是常用的定价策略。"撇脂"策略源于英文"Skim the Cream"，意思是从鲜奶中撇取乳脂，象征从市场中获取丰厚利润，但"撇脂"要以客户支付意愿为基础，不能盲目定价，通过交换价值分析可量化"撇脂"策略下的合理价格水平，其作用这里不再赘述。"渗透"定价策略则是通过设定低于客户支付意愿或行业平均水平的价格来迅速占领市场。该策略不仅适用于新品引入期，也能帮助头部企业整合分散市场，创新型产品因市场无直接竞争，通常不采用"渗透"策略。联合分析更适用于小迭代、微创新型产品的定价，即市场已有相似产品的情况。对于适用"渗透"定价策略的行业和产品，联合分析有助于明确客户支付意愿。如果企业成本结构优于行业平均水平，就可以通过设定低于客户支付意愿及行业平均价格的低价策略来快速渗透市场。健康可持续的"渗透"定价策略需要匹配的成本结构支撑。

例如，某产品市场平均价格与客户支付意愿均为10元，成本为8元，行业分散且竞争激烈。若某企业通过技术革新和运营效率提升将成本降至6元，就可以把价格定为8元，这样虽然价格与行业成本相当，但能凭借成本优势击败多数竞争对手，迅速占领市场，此时25%的利润水平仍高于降价前的行业平均利润。如果联合分析显示客户支付意愿实际为8元，那么10元的平均价格就限制了部分潜在消费需求的释放。企业把价格调整为8元后，不仅能巩固现有市场份额，还能激发未被满足的增量市场需求，整体收益会远超行业平均水平。在微波炉行业"价格战"中，格兰仕就是以成本优势为支撑的"渗透"定价策略的成功案例。然而，市场上也有不少企业通过"烧钱"亏损的方式试图实现市场"渗透"。这种做法风险很大，一旦资金链断裂或竞争对手资本更雄厚，就难以持续，最终可能落得赔本赚吆喝的下场，近年来，因这类策略失败而倒下的"独角兽"企业并不少见。

根据产品生命周期理论，随着行业进入者增加、竞争加剧，根据产品创新和差异化程度，产品会经历三个发展阶段：独家创新、差异化微创新、同质化（图3.19）。

独家创新　　　差异化微创新　　　同质化

图3.19　产品创新发展三阶段

在引入期，产品具有独家创新优势，市场上没有直接替代品。此时，客户对产品成本认识模糊，对价格变动不敏感。企业应采用交换价值分析方法，根据创新产品为客户带来的差异化价值进行科学合理定价。此时，整个行业由独家创新企业掌控，形成"一家独大"的市场格局。

随着市场发展，丰厚的利润吸引新参与者进入，各企业在保持独家产品优势的同时推出多样化"升级款"，产品进入"百花齐放"的微创新阶段，市场处于成长期。此时，客户对产品成本和价格有了基本认知，对产品性能也有了更深入的了解。企业可借助联合分析方法，科学量化不同产品属性的效用价值，结合客户支付意愿制定合理的产品定价策略。

随着竞争者不断涌入，市场逐渐饱和，价格竞争激烈，企业利润空间被压缩，产品进入同质化阶段，市场步入成熟期。此时，市场上同质化替代品众多，客户对产品成本和价格有了更清晰的认识，对价格敏感度大幅上升，价格的微小变动就会导致销量显著波动。企业可以运用需求价格弹性分析来精细调整价格策略，寻求价格与销量的最佳平衡点，定价方法也从客户价值定价转向关注竞对与竞品行为的竞争定价。

竞争定价

当产品进入成熟阶段，供需关系逆转，市场供过于求。在这种情况下，市场产品丰富，客户需求能得到充分满足，购买方在议价中占据主导地位。在产品缺乏差异、消费者可选择的替代品多且竞争激烈的行业，厂商为抢占市场份额，常采用价格竞争策略。

主要竞对和竞品的识别是竞争定价的基础。我们把与自身经营商品有相同"69码"或相同"关键属性"的竞品定义为"同品"。

简单来讲，竞争定价的核心策略就是在竞对之间围绕同品进行比价跟价。同质化新品上市定价多采用跟随策略，竞对同品卖8元，我们的新品也卖8元；竞对同品涨价或降价，我们也随之涨价或降价。在高度竞争的市场中，竞对间同品的成本差异通常较小，定价往往接近成本线。由于利润空间有限，所以要合理限定实施比价跟价的商品范围。在此过程中，价格需求弹性分析起着关键作用。通过深入分析同品的价格需求弹性，我们根据价格需求弹性系数的高低对商品进行分层，并考虑品类间弹性特征差异，进一步分类，构建企业用于价格竞争抢夺市场份额的比价跟价商品池及其优先级排序。竞争定价的一般流程如图 3.20 所示。

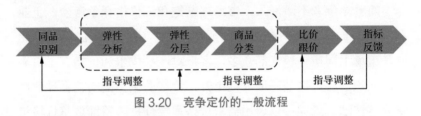

图 3.20　竞争定价的一般流程

在此过程中，价格管理部门负责比价跟价商品池的选品、运营优先级设定和比价跟价规则制定。同时，采购部门与属性管理部门提供建议与支持，信息技术部门则着重于比价跟价产品工具的设计与开发。需要注意，对于经营商品数量多、品类繁杂的综合零售商，其竞争定价的复杂程度远高于专注单一品类或少数品牌的厂商。对于未设置专门价格管理部门或岗位的产品型企业，产品经理承担价格管理职责。

定价方法应用

在企业的实际价格管理中，通常不会仅依赖某一种定价方法。根据行业经验，三种主要定价方法的应用情况大致如下：

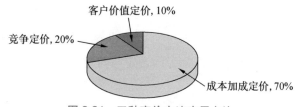

图 3.21　三种定价方法应用占比

成本加成定价虽然受到价格管理专业人士（尤其是价格咨询专家）"鄙视"，但因其易理解、易执行（定价成本低）且考虑了利润指标等特点，约 70% 的产品定价会采用该方法。

客户价值定价虽受价格管理专业人士（尤其是价格咨询专家）"推荐"，但因理解成本高、操作复杂、定价成本高（需专业机构支持）等原因，只有约 10% 的具体产品定价会应用此方法。

竞争定价主要用于产品同质化且竞争激烈的行业，由于当前商品行业竞争激烈，约 20% 的产品定价会采用该方法。

这三种定价方法的应用比例并非固定，受定价技术进步、行业创新能力和市场竞争态势等多重因素影响。在同一企业中，三种定价方法的应用比例与整体定价领域实践相似：约 70% 的竞对非同品、腰尾部销量商品及价格不敏感商品采用成本加成定价；约 10% 的创新产品、独家产品采用客户价值定价；剩余 20% 的价格敏感型竞对同品采用竞争定价。

除上述三种定价方法外，市场上还有多种定价方法，如尾数定价法、产品生命周期定价法、促销定价法、撇脂定价法等。严格来说，这些方法大多可看作在既定价格基础上的价格调整策略，或纯粹的定价与变价策略，而非直接确定具体价格的方法。

在为具体的产品定价过程中，法律监管作为价格底线常被企业忽视，但一旦触碰，轻则罚款，重则停业整顿。价格管理部门需与法务部门建立定期沟通机制，密切关注价格监管动向，熟悉相关法律中关于价格违规行为的规定与监管要求。

3.2.3　三步定价模型

无论采用何种方法定价，商品价格都有一个变化范围。成本、客户及竞争三方面的分析构成了三种核心定价方法，同时也决定了商品的价格上限与下限。

在高度竞争且产品同质化的市场中，主要竞对的价格决定商品价格上限。价格下限短期取决于单位边际成本，长期取决于单位总成本，如图 3.22 左侧所示。

在差异化创新市场中，商品价格下限与同质化市场相同，但上限由客户支付意愿和企业经营目标决定。创新程度越高，定价自由度越高，如图 3.22 右侧所示。

基于价格上、下限及定价方法，可将产品定价总结为三步：

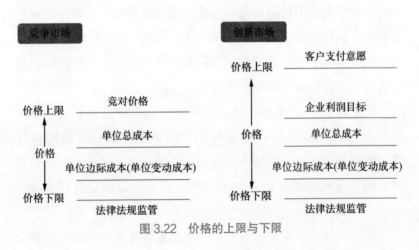

图 3.22　价格的上限与下限

　　　　价格力——用 1% 的力量撬动利润与规模双增长

第一步，判断竞争态势，明确市场类型（竞争市场或创新市场）。

第二步，选择定价方法，确定价格上限。在竞争市场中，由竞对价格决定；在创新市场中，由客户支付意愿和企业目标决定。

第三步，核算产品成本，确定价格下限。在竞争市场中，短期由变动成本决定；在创新市场中，由总成本决定。

定价三步可以总结为"三步定价模型"：判态势，定市场；选方法，定上限；核成本，定下限。

小结

给具体产品定价是一个复杂的过程，涉及成本、客户和竞争三个核心维度，它们共同构成了定价的基本分析框架。首先，成本是定价底线，体现企业投入与运营效率，是价格决策的基础。其次，客户代表市场需求，满足客户需求是定价的核心出发点。最后，竞争反映市场中企业间的竞争形势，是制约价格水平的关键因素。

定价过程一般从成本加成定价入手，该方法在商品单位成本基础上增加一定百分比来确定价格。加成比例可依据企业毛利目标或参照行业普遍毛利水平设定。不过，这种方法有局限性，未考虑价格变动对销量的潜在影响，且倾向于将价格强加给客户，忽视了客户的支付意愿。

客户价值定价是一种拉式定价策略，其核心是根据客户实际需求和支付意愿确定价格。这种方法适用于差异化程度高、准入门槛高的领域，且需要通过交换价值分析和联合分析量化产品的差异化价值。交换价值分析针对创新产品（市场暂无相似产品时），替代品分析关注客户解决特定问题的最接近替代品或方案；

联合分析多用于微创新或小迭代产品定价（市场已有功能相近或档次相当的产品或方案时）。在新品引入期，"撇脂"策略和"渗透"策略是常用定价策略，但需要相应成本结构支撑。

竞争定价适用于产品同质化且竞争激烈的市场，核心是在竞争对手之间围绕同品进行比价跟价。此方法要求企业识别主要竞争对手和竞品，并依据价格需求弹性分析精细调整价格策略。

在实际操作中，企业通常不会只依赖某一种定价方法，而是根据市场类型（竞争市场或创新市场），定价方法（成本加成定价、客户价值定价、竞争定价）和产品成本确定价格。价格管理部门要与产品或品类管理部门密切合作，将毛利目标分解到具体产品系列，并考虑价格档次定位、价差体系设计、客户心理预期和分销渠道利润等因素，确保最终定价合理且有竞争力。此外，价格管理部门还需密切关注行业市场动态和竞争对手毛利水平变化，以便及时调整自身定价策略。

给具体产品定价可总结为三步定价模型：判态势，定市场；选方法，定上限；核成本，定下限。

第 4 章

如何从供给端为价格管理提供保障

在存量市场环境中，价格竞争依旧是主旋律。在激烈竞争中巩固地位并实现可持续发展，既是挑战，也是机遇。

价格竞争的实质是商品供给能力的竞争，高性价比需要有与之适配的成本结构。哪家企业能稳定获取高性价比且具差异化的商品供给，就能在市场中占据优势，实现更稳定、更长期的发展。即便当前这种供给优势仅比对手稍强，只要企业持续探索优化，就能在价格竞争中扩大优势。

供给端为价格管理提供保障，可从供给成本管理和供给质量管理两个方面着手。

4.1 供给成本管理

在价格管理实践中，供给端成本对需求端价格的影响常被忽视。从完整供应链角度看，供给成本本质上也是一种价格。

在价格管理这个完整的体系中，供给成本与价格的关系，就像人体必需的水、氧气、蛋白质和钙等关键物质一样。成本是价格的基础，其重要性不言而喻，正如水在人体重量中占比超60%，钙和蛋白质是骨骼、肌肉的主要成分，正确理解并管理成本是做好价格管理工作的必要条件，脱离成本谈价格，就如同无源之水、无本之木。

成本是价格的基础，所以在介绍具体定价方法之前，我们先介绍了成本分析的内容。成本分为变动成本与固定成本，单位变动成本是价格的短期内在下限，单位总成本是价格的长期内在下限。按照与产品或服务的关联程度，成本还可分为直接成本与间接成本。直接成本与产品生产直接相关，如原材料采购成本、生产线直接人工费用等，直接体现在产品价值中；间接成本不与特定产品直接挂钩，像厂房折旧、企业管理和运营团队薪酬等费用，虽不计入单一产品成本，但对企业运营和价格策略制定有重要影响。变动成本与固定成本、直接成本与间接成本并非完全独立，存在交叉重叠（表 4.1）。

表 4.1　变动 / 固定成本与直接 / 间接成本的关系

类型	变动成本		固定成本
直接成本	直接变动成本： ·原材料采购成本 ·包装成本等	★成本管理重点	直接固定成本： ·生产线人工成本 ·直接生产设备折旧或租赁成本
间接成本	间接变动成本： ·工厂车间公用水电成本 ·工厂公用劳保、办公用品等		间接固定成本： ·厂房租金或折旧成本 ·公司管理和运营人员工资等

在表 4.1 中，直接变动成本因占比高、可控性强且与价格管理直接相关，成为企业成本管理重点。其中原材料采购成本（对零售商而言是商品采购成本）尤为关键，而其他成本类型要么占比低（如公用水电费用、劳动保护成本等），要么因涉及企业长期战略决策，短期内难以优化（如厂房设备投资成本等）。

在常见企业组织分工中，原料采购成本由采购部门负责。产品型企业常将原料采购部门整合进供应链管理部门，增强供应链协同效应；零售商则倾向于将商品采购职能与供应链职能分开，设置商品管理部门负责商品采购策略和品类规划实施。前文提到有些企业在价格管理部门设成本管理小组，并非意味着价格管理部门直接负责商品采购，而是该小组通过专业方法和机制，一方面协助采购部门挖掘成本优化机会，另一方面对有市场需求但供应无优势或供应商因收益不愿合作的商品，给予补贴或提高采购价以吸引供应资源，为后续优化措施提供策略支持和指导。毕竟采购人员往往缺乏持续优化采购成本的内在动力，就像销售人员总希望售价更低一样。在激烈的市场竞争中，从供应链角度把控好供需两端，企业才能保持竞争优势。

我们把为企业提供原材料或商品的上游企业称为"供应商"。对采购方来说，供应商产品的价格就是采购成本；对供应商而言，采购方的成本就是其产品的价格。成本作为相对概念，本质也是一种价格，之前探讨的定价方法也适用于供应商产品定价，供应商想提高售价，采购方则希望降低采购价格，这种价格"较量"在供应商与采购商之间持续存在，其中产品型企业与零售商之间的博弈尤为明显，图4.1展示了从原料到客户的完整商品流通链路。

图 4.1 商品流通链路示例

在商品流通过程中，产品型企业可选择委托第三方生产商生产产品，也可通过自有工厂生产，其生产加工模式的选择受发展阶段和资金实力影响。自有工厂建设需大量资金投入，短期内难以收回，初创及成长阶段的企业因资金有限、业务不成熟、经营不稳定等因素，通常难以承受大额固定资产投入带来的高风险，所以更倾向于代加工的方式。企业按委托加工量或实际交付量向生产商付费，商品成本主要是变动成本，企业无须承担代工企业的固定成本。变动成本占比高的企业，为维持利润水平，降价所需的销售增量远高于固定成本占比高的企业。随着竞争加剧，长期依赖代生产模式的品牌商将面临竞争劣势。因此，多数产品型企业在稳固市场地位后，会投资建自有工厂以增强价格竞争力。此外，企业还可通过入股或收购实现纵向一体化。

企业委托生产商生产产品有 OEM 和 ODM 两种模式。

OEM，即"原始设备制造商"，产品型企业提供产品设计，生产商按设计生产，产品知识产权和品牌所有权归产品型企业，生产商无权转售产品，这就是日常所说的"代工"模式。

ODM，即"原始设计制造商"，产品设计与生产由生产商负责，产品型企业提出产品外观及规格的基本要求，产品知识产权归属取决于企业是否买断，若未买断，生产商可将产品销售给其他企业，ODM 模式也被称为"贴牌"模式。

企业选择生产加工模式时，核心考量可以有效应对同行业竞争对手挑战。为减少对下游分销商及零售商的依赖，部分产品型企业建立直营销售渠道，将产品直接卖给终端用户，品牌官方直营店就是这种策略的实践。与自建工厂类似，铺设直营销售网络也有较高固定成本，如销售场地租金、门店人员薪酬等，所以更适合有一定规模的产品型企业。随着信息技术发展和消费者购物行为变化，电商平台降低了产品型企业建立直营销售渠道的门槛，很多电商平台上的品牌官方旗舰店由产品型企业自主运营或委托专业代运营公司运作，这使产品型企业能精简销售环节，直接向终端消费者提供产品及服务。但电商渠道影响力增强的同时，产品型企业的经营成本和准入门槛也在提高。线下门店客流量受地理位置影响，线上销售渠道流量依赖电商平台分配机制，产品型企业为获取更多流量，不得不投入大量资金购买曝光流量。鉴于流量成本持续攀升，各产品型企业也在积极探索更高效的销售模式，直播带货、素人种草等新兴销售形式为产品型企业开辟了新的路径。

在价格策略方面，前文介绍了广义价格策略，涵盖消费者需求端的销售价调整和商品供给端的采购价补贴。在激烈市场竞争环境下，企业必须抓好成本控制与价格管理，两者缺一不可。当需求端售价管理陷入困境、无计可施时，价格管理需从整个商品流通供应链角度审视业务。无论是选择用高销售利润率的价值领先战略，还是用高资产周转率的成本领先战略以提高资产回报率，当需求端售价无法再提升或降低时，为确保企业利润，必须在供给成本管理方面多下功夫。

同质化且供过于求的市场，存在成本优化机会；但在供不应求或差异化的市场中，为给消费者提供所需产品或服务，下游采购企业不但不能优化采购成本，反而要通过提高采购价格或提供专项补贴的方式，吸引优质稀缺的产品供给资源。例如，若供应商距离较远、运输成本高，正常采购价下供应商可能缺乏销售积极性，采购企业可自行承担物流运输费用或向供应商提供运费补贴弥补物流成本。当产品供不应求时，采购企业除提高采购价格外，还可通过资源互换、品牌联盟合作等多种方式与优质供给资源方合作。

4.2 供给质量管理

供给的成本与质量是相互制约的"配对指标"，企业降本增效时，要同时观测、分析产品质量变化，寻求成本与质量平衡。所以，推进供给成本管理优化的同时，也要开展供给质量管理，这里的质量包括产品品质和配套服务质量。

在数字化管理趋势下，行业多依消费者售后评价建立商品评价体系，用差评率、品质问题退款率等衡量商品质量和购物体验。差评率是特定时段内商品差评数与总评价数之比。如某商品有100个订单（单订单1件商品），50个订单有评价，其中25个差评，差评率就是50%。但消费者很少主动评价，企业更常用品质问题退款率评估商品质量，即特定时段内因品质问题退款件数与销售件数之比，如某商品某日售出100件，2件因品质问题退款，当日品质问题退款率就是2%。综合性销售渠道（线下商超或电商平台）会为不同品类商品设差评率或品质问题退款率底线阈值，超阈值商品视为不合格，对消费者投诉多、评价差的商品，零售商按规则对供货商家处罚。国内电商平台还提供退货退款等保障措施提升消费者体验。

产品型企业需加强与各销售渠道协作，及时获取消费者对企业产品的评价和品质问题退款数据，指导产品质量改进。

差评率和品质问题退款率可衡量和定位产品质量问题。行业常用NPS（Net Promoter Score，净推荐值）衡量消费者对产品或购物体验的口碑。NPS将复杂客户满意度调查简化为"你在多大程度上愿意向你的朋友推荐我们公司？"，以此捕捉客户感受和推荐行为，区分企业利润性质。财务指标表现优异但NPS低的企业，利润是牺牲用户体验换来的短期收益，是不良利润，不可持续；财务指标表现和NPS都好的企业，利润是良性可持续的，代表健康发展。

NPS分值＝（推荐者数－贬损者数）/总样本数×100%，用户推荐程度通过打分来体现，0～6分是"贬损者"，7～8分是"中立用户"，9～10分是"推荐者"，如图4.2所示。NPS调研通常每月进行，保证数据时效和准确。

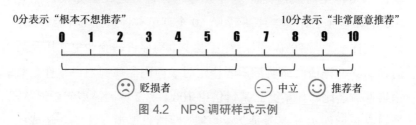

图 4.2　NPS 调研样式示例

　　假设一次调研总样本有1000人，打0～6分的有200人，7～8分的100人，9～10分的700人，NPS分值为（700-200）/1000×100%=50%。NPS分值为负时，"贬损者"多于"推荐者"，企业需改进服务。

　　在NPS评价基础上，企业可进一步询问"推荐者"推荐原因和"贬损者"不推荐原因。常见原因有商品质量、种类、价格、购买流程、物流配送、售后服务等，用户也可补充其他原因。价格NPS根据用户对价格因素的推荐或不推荐选择计算，假设700个推荐者中有600个因价格推荐，200个贬损者中有100个因价格不推荐，价格NPS分值等于（600-100）÷1000×100%，即50%。

　　NPS分值范围为-100%～100%，不同行业得分不同。Chnbrand（中企品研）每年针对不同行业开展消费者推荐调查，感兴趣的读者可在其官网查询不同行业及企业表现情况。

　　除用消费者评价性指标（差评率、品退率）量化产品质量或用NPS衡量公司质量与口碑外，多数产品型企业还会采取前置措施，建立源头供应商筛选、生产、运输和出厂质检的标准操作程序（SOP），增强产品质量管理的过程可控性。服务型行业会雇佣或邀请专业机构或人员随机体验公司服务，开展"神秘访客"项目，检测公司产品和服务质量。汽车品牌领域若发现质量问题，会及时启动召回程序，免费更换维修问题部件，并深入分析问题，改进生产工艺或设计。这些措施是企业从不同维度和环节对供给与产品质量的管理和保障。优质的产品品质和服务质量可以为产品长期溢价提供底气。

优化管理供给成本和质量，是企业实现可持续价格竞争优势和健康发展的关键。优化采购成本和运营效率可保企业短期利润，供给质量则关乎长期盈利。低价能吸引消费者，但质量无保障难留顾客，影响长期发展。企业追求价格竞争力、降本增效和业务增长时，要平衡商品质量和消费者体验，实现健康可持续发展，创造好利润，促进真成长。

4.3　名创优品的"三高三低"原则

2013 年，在广州花都，名创优品店铺悄然开业，它由日本青年设计师三宅顺也和中国企业家叶国富共同创办，这个看似平常的开端，拉开了商业巨头崛起的序幕。在吸取前 10 家店"正确的失败"经验后，名创优品针对选址、货品结构和定价这三大核心问题做出调整：从选址城中村改为依托商场；从因选品问题导致产品滞销到持续优化产品结构，打造出众多爆品；从定价不合理到确立"性价比"路线。仅用一年时间，名创优品实现店铺数量超 300 家，次年超 1000 家，并大胆迈向全球化，进军海外市场。

名创优品在海外市场发展迅猛。2017 年海外门店突破 1000

家，2018 年开启智慧零售新征程，2019 年与漫威、故宫宫廷文化等推出联名产品，提升品牌影响力，入选 2019 年广东企业 500 强榜单。

2020 年，名创优品在纽交所上市，是其发展的重要里程碑。2022 年在香港联交所主板交易，巩固市场地位。同年虽有"伪日系"风波，但随后进行了"去日化"整改。

如今，名创优品成绩斐然。2023 年年收入超 138 亿元，同比增长近 40%；毛利率达 41.2%，同比提升 6.3 个百分点；调整后净利润约 23.6 亿元，同比增长 110%。2024 年上半年业绩持续向好，收入与净利润显著提升，经调整净利润为 12.42 亿元，同比增长 17.8%，调整后净利润率为 16.0%，毛利率达到 43.7%，创历史新高。其 6600 家门店遍布全球超 111 个国家和地区，在各大知名城市核心商圈随处可见。

名创优品既是品牌公司，也是零售商，作为国家高新技术企业，其与迪士尼、漫威等全球顶级 IP 合作，以优质低价商品和丰富联名产品赢得消费者青睐，荣获众多荣誉，堪称商业传奇。

名创优品创始人叶国富的"三高三低"原则（图 4.3），诠释了其商业成功的"秘密"，即"高颜值、高品质、高效率，低成本、低毛利、低价格"。

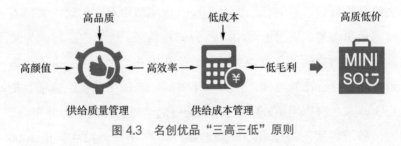

图 4.3　名创优品"三高三低"原则

这一策略展现了名创优品在供给成本与质量，即完整供应链效率层面的经营智慧。"三高"对应前文介绍的供给质量管理，"三低"是名创优品在供给成本管理方面策略与动作的体现。我们先来看看供给成本管理方面的"三低"。

供给成本管理的"三低"

在需求端定价上，名创优品坚持"性价比"路线，即"低价格"，推出10元一支的眼线笔、10～40元且品质媲美大牌的香水等。需求端的"低价格"是结果，"低成本"和"低毛利"是手段。

名创优品在产品生产和制造上，通过OEM和ODM形式与厂商合作。为实现"低成本"，名创优品吸引供应商的方式独特，其创始人将其总结为"一把手，用钱砸，下大单，给现金"。叶国富亲自抓供应链，重视与供应商沟通，在活动中让供应商坐前排。遇到优质供应商，名创优品不仅大量采购，还入股投资工厂，采用现金"买断"、15天超短账期的合作模式。"下大单"是将产品订单集中给一个供应商。这种与供应商的合作属于工厂直采，减少了中间环节，降低了成本。因名创优品兼具品牌和零售商双重身份，为给合作伙伴留出利润空间，其大力发展自主品牌。

"低成本"不仅体现在与工厂的合作模式上，还体现在产品设计和公司整体运营模式上。名创优品在设计方面采用共享设计理念，各国设计师可将设计提交到设计平台，若工厂看中，可打样送总部选品，若在部分区域及重点门店试卖反馈良好，则扩大生产和采购。设计师可选择让名创优品买断设计或按销售额比例分成获取报酬。这种模式降低了设计团队开支，保证了设计多样性，为"每周上新"提供了保障。

在"低毛利"方面，与传统高额加价率不同，名创优品为保持性价比，在优化成本后，对最终售价加价率保持克制。以香水为例，传统大牌成本到售价加价率高达 5000%，名创优品仅 200%～250%。低加价率体现性价比定位，从竞争策略看，也起到了威慑竞争对手的作用。

供给质量管理的"三高"

"高颜值"体现名创优品的设计理念和年轻客群定位，也代表对产品质量的要求。联合创始人三宅顺也为青年设计师，加上全球共享设计理念，保障了产品简约时尚的外观。2023 年 2 月，名创优品升级全球创新中心，并计划在中美日韩四国建设四个设计中心，增强产品在创意和设计上的竞争力。

"高效率"体现在经营各方面，与客户服务和产品"低成本"相关。客户服务上，名创优品根据中国消费者身高调整货架高度，方便消费者且提高购买率；收银台设在入口处，方便用户"买完即走"，排队买单场景能营造人气。在经营效率方面，名创优品长期将单店平均 SKU（最小存货单位）数量控制在 3000 个左右，不过不同发展阶段和门店场景下，SKU 数量没有绝对最优解，如 2024 年 10 月 27 日上海南京路的 IP 乐园（minisoland）全球壹号店，SKU 数量为 8000～10000 个。同时，名创优品利用大数据提升库存、财务、会员管理等方面的效率。

"高品质"主要体现在两方面：一是对质量有问题的供应商零容忍；二是在选择合作供应商时，更看重品质稳定性而非绝对低价。为名创优品代工的多是国际知名品牌或奢侈品合作伙伴，如香精供应商有全球香精香料巨头，生产制造方面有给雅诗兰黛、悦诗风吟、耐克、普拉达代工的企业，以及国内最大不锈钢餐具生产商等，这些优质供应商保障了产品质量和稳定供应。名创优品建立了"1+1+1"质量管控机制，依靠内部质检团队、"神秘顾客"抽检、国际权威第三方机构上市前质检保障产品质量，一旦出现质量问题，启动48小时产品召回机制。此外，与全球知名IP合作，不仅提升了"颜值"，还借知名IP为名创优品品质提供了背书。

总之，名创优品的"三高三低"经营策略独具魅力。"三高"中，"高颜值"注重外观设计，产品时尚美观，契合消费市场对颜值的重视，竞争力强；"高品质"从原材料挑选到工艺把控严格要求，为消费者提供可靠商品，赢得信任和口碑；"高效率"贯穿企业运营管理，包括供应链和门店运营，降低成本、增强竞争力、提升服务质量。"三低"与之相辅相成，"低成本"通过优化供应链和大规模采购实现，在保证质量的同时降低成本，"低毛利"策略以量盈利，二者共同促成"低价格"，满足消费者性价比需求，为品牌持续发展筑牢根基。

名创优品的"三高三低"策略从供应链角度阐释了价格管理问题，以及如何从供给端保障价格管理，支持企业高质量可持续发展。2021年8月深圳市品质消费研究院发布的报告显示，名创优品NPS净推荐值为25.90，在被调研的10家同类型企业中位列榜首。尽管NPS排名已有些时日，但名创优品财报中规模与利润持续双增长，也从侧面反映出消费者对其的认可。

小结

在存量市场环境中，价格竞争是企业发展的关键主题，既是挑战也是机遇。价格竞争核心在于商品供给能力竞争，高性价比的商品供给需匹配相应成本结构，企业若能稳定供应此类商品，即便优势微弱，持续优化也可扩大优势，达成稳定且长期的发展。

在价格管理实践中，供给端成本对需求端价格的影响常被忽略，从供应链角度看，供给成本本质上也是价格，是价格管理的基础。成本包括变动成本与固定成本、直接成本与间接成本，它们相互联系。其中，原材料采购成本等直接变动成本占比高、可控性强且与价格管理直接相关，是企业成本管理重点。

在企业组织分工方面，采购部门主管原料采购成本，产品型企业和零售商采用不同部门设置优化管理。同时，企业价格管理部门的成本管理小组协助采购部门挖掘成本优化机会，并处理特殊商品供应问题。

在商品生产上，企业可选择委托生产（OEM 和 ODM）或自有工厂生产，这受发展阶段和资金实力影响。长期依赖代生产模式在竞争加剧时可能有劣势，多数企业稳固后会建自有工厂或通过入股、收购实现纵向一体化。企业也通过建立直营销售渠道等应对竞争，不过电商平台发展虽带来机遇，但也提高了成本和准入门槛，促使企业探索新销售模式。

在价格策略层面，广义价格策略包含销售价调整和采购价补贴。企业要兼顾成本控制和价格管理，尤其在需求端售价管理遇困时，需从供应链角度强化供给成本管理。在不同市场供需情形下，企业要相应调整采购成本策略。

成本与质量相互制约，企业降本增效时需平衡二者，这里的质量涵盖产品品质和配套服务质量。行业通过消费者售后评价体系（差评率、品质问题退款率）衡量商品质量，企业常用品质问题退款率评估。综合性销售渠道设阈值，对不合格商品的供货商家予以处罚。

此外，行业用 NPS 衡量企业口碑，NPS 分值能反映企业利润性质。企业可基于 NPS 进一步分析推荐或不推荐原因。除依据消费者评价指标外，多数产品型企业还采取前置措施保障质量，服务型行业开展"神秘访客"项目，汽车行业有召回程序等，这些措施从多维度保障质量，为产品长期溢价和企业健康发展筑牢根基。企业在发展中要平衡质量和消费者体验，实现可持续发展。

名创优品既是品牌公司，也是零售商。其经营的"三高三低"原则很好地诠释了企业如何从供应链角度，凭借供给端成本和质量管理为需求端价格管理提供支撑与保障，进而实现规模和利润双增长，策略和做法值得学习与借鉴。

第5章

产品型企业如何从 0 到 1
系统性落地价格管理

前面章节解答了价格管理体系搭建、产品价格体系设计、定价方法选择和供给端保障价格管理这四个核心问题，本章聚焦于这些问题在产品型企业的具体应用，包括不同发展阶段的价格管理目标与组织设置、价格体系设计与定价方法选择、日常价格运营工作安排、价格管理机会点以及从 0 到 1 落地价格管理。通过详细阐释，我希望为读者展现全面、系统的产品型企业价格管理体系，助力企业在复杂市场环境中实现利润增长和可持续发展。

5.1 不同发展阶段的价格管理目标与组织设置

图 5.1 清晰呈现了典型产品型企业价格管理岗位的核心职责范围，划线内容突出的 10 项关键职责涵盖制定和实施价格策略、确保竞争力、实现利润最大化等。这种集多种职责于一身的价格管理架构，一般在行业或产品生命周期进入成熟阶段才出现，此时企业能明确要求价格管理部门兼顾这些核心工作与目标。

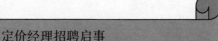

定价经理招聘启事

职责描述：
1. 制定和实施价格策略，确保价格有竞争力的同时实现利润最大化；2. 确认销售报价的准确性和盈利能力；3. 监控客户和市场趋势，以确定适当的价格，并根据需要反映市场变化；4. 在公司内部建立和沟通定价准则和程序，包括返利计划；5. 根据需要参加与客户或供应商的价格谈判；6. 与其他部门合作，确保价格的准确性并与公司目标保持一致；7. 为高级管理层提供价格报告和分析

图 5.1 某产品型企业定价经理招聘职责描述

产品型企业价格管理组织的目标通常经历图 5.2 所示的三个演进阶段。

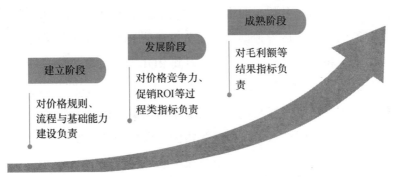

图 5.2　产品型企业价格管理目标演进示意

建立阶段： 负责价格相关规则、流程和基础能力建设，如监控市场趋势、建立定价准则和程序、支持价格谈判、提供价格报告和分析等。价格管理部门在此阶段负责基建工作有两个原因，一是考虑人员能力成熟度，二是依据"权责对等"原则，将分散职责归集到价格管理部门需要磨合时间。以规范和能力建设为切入点，有助于价格管理团队熟悉业务、锻炼能力，与相关部门建立信任，也能让价格决策过程和结果更清晰透明，为价格策略调整和制定打基础。若一开始就激进归集权限和目标，价格管理部门会面临阻力，业务会陷入混乱。从业务发展规律看，公司成立初期就建立完善的价格管理体系和组织，会导致运营成本高、效率低。

发展阶段： 对价格竞争力、促销活动 ROI 等过程类指标负责。随着规则、流程和能力建设的完善，价格管理组织可利用已有能力输出价格策略和运营落地计划。价格竞争力通过"价优占比"和"价优幅度"衡量，价优占比是产品价格低于竞争对手同类型产品的比例，单个产品的价差幅度是与竞争对手同类型产品价格的比值，多款产品按销售量加权计算。促销活动 ROI 特指价格类促销活动 ROI，多数企业将价格类促销活动的组织和规划职能放在营销部门，价格管理部门主要负责评估 ROI。若价格管理部门直接组织和规划此类活动，则要对其 ROI 表现负责。

成熟阶段：价格管理部门与产品、销售等相关部门共同对公司毛利额等结果指标负责，决策需平衡销量与价格关系。此时企业各部门虽应同向努力，但实际常因方向判断或短期绩效不同产生分歧，需要公司高层参与价格策略沟通与决策组织，以会议形式解决关键策略或执行分歧。

从 0 到 1 建立价格管理组织的企业，约需 6 个月建设和整合规则、流程及基础能力使其正常运转，价格竞争力指标和促销 ROI 指标相关工作通常需 6～8 个月进入正常运转状态，具体时长取决于公司资源配置和部门磨合情况。人力充足时，可在"建立阶段"后期交叉开展价格竞争力等过程指标相关工作。前两个阶段工作内容无太大相互依赖性，部分企业为解决价格竞争力问题会先成立价格管理组织，交换"建立阶段"与"发展阶段"工作顺序，都是为实现企业收益最大化。提升毛利额等收益指标是价格管理组织的终极目标。

产品型企业价格管理组织的汇报关系一般会经历四个阶段（图 5.3）。

| 销售部门 | 财务部门 | 产品/市场部门 | 销售部门 |

图 5.3　产品型企业价格管理组织汇报关系变化

销售部门负责阶段：企业发展初期，销售增长是首要任务，销售部门直接面对市场和客户，财务、产品、市场部门为其提供支持，价格管理职能多在销售部门下级组织中，价格策略和运营由这些组织制定和执行，价格管理政策和规则由销售部门内部决策。

财务部门负责阶段：业务规模和市场范围扩大后，企业在追求销售增长的同时关注利润增长，"以价换量"方式受审视。企业"一把手"常发起组建专门价格管理部门并负责决策，因财务部门掌握全面经营和运营数据，价格管理组织或岗位多设在财务部门。建立阶段的价格管理部门从规则梳理、流程和基础能力建设入手，之后进入图 5.2 所示的三个目标演进阶段，价格管理人员多有财务管理和商业分析背景，也可能有销售运营背景。

产品 / 市场部门负责阶段：价格管理内部管理工作完善后，汇报关系转移到产品 / 市场部门，价格管理职能和组织并入产品管理部门，原价格管理组织人员大多转入，同时补充有产品和市场经验背景的成员，增强团队综合业务能力。此时价格管理部门对价格相关规则、流程和价格竞争力指标负责，进入图 5.2 的"发展阶段"。

销售部门负责阶段：为更好应对市场变化、提升协同效应，部分企业将销售和市场部合并为战略销售市场部，产品管理部门可能被拆分，产品管理职能并入战略销售市场部，价格管理组织汇报线回到销售部门。此时价格管理部门接收返利计划工作，参与销售业务谈判，审核价格申请，对毛利额等收益类指标负责，部分理念先进的企业将价格管理组织升级为价值管理组织，负责从新品定价到终端客户价格促销的完整价值链路管理。

不过，并非所有企业都会依循这一汇报关系的演变轨迹。部分企业在价格管理组织初建时，便以项目组形式直接向企业负责人汇报。像瑞幸咖啡这类侧重用户规模增长的企业，在开拓海外业务期间，就把价格管理职能置于用户增长部门之下。不管企业处在哪个发展阶段，价格管理始终是核心任务，关键策略决策离不开公司高层的领导与参与。尤其长期愿景与短期利益相悖时，高层更需为价格管理团队提供支持。价格管理组织的设立是为了促进公司健康、可持续发展，对公司利润目标负责，汇报关系的调整和优化均服务于此目的。

产品型企业价格管理组织的完整职责包括新品定价、定期价格回顾和调整、特殊价格申请评估、分销渠道激励策略制定、稽查扰乱价格体系行为、终端客户价格促销策略制定，以及价格相关监测、分析和报告输出等。

5.2 价格体系设计与定价方法选择

5.2.1 价格体系设计

完整的产品型企业价格体系涵盖不同产品价差、相同产品价差、价格计量方式和价格围栏四部分，与前文介绍的价格体系全景相同。在日常价格管理实践中，不同产品价差体系设计和价格计量方式选择属于低频工作，通常在企业建立之初进行明确并保持相对稳定，具体实践应用同前文内容。需强调的是，产品型企业日常价格管理措施和策略路径选择要与产品定位相符。在商业实践里，中高端品牌若定位高端价格档次，却为短期业绩采取与档次定位不符的价格措施，虽能因大众对中高端产品价格敏感而实现短期业绩快速增长，但往往会牺牲长期产品价值。

本节重点介绍产品型企业价格体系中相同产品价差部分，这是价格管理部门人员日常面对的高频问题。产品价差是价格围栏的构成部分，企业维护价格体系的其他措施在"5.3 日常价格运营工作安排"中介绍。

相同产品价差主要体现在空间区隔价差、时间区隔价差和数量区隔价差三个方面。

空间区隔价差

产品型企业为降低面向分散零售商的运营成本和资金压力，会建立不同层级的分销商体系来分销产品。空间区隔价差是指在按区域覆盖范围设计的分销体系下，不同层级分销商之间的价差。在销售渠道管理中，渠道结构按长度、宽度和广度构建，不同行业及同一行业不同企业的渠道结构可能不同。

渠道长度指分销渠道内中间商的层级数量，传统分销渠道有"零级"至"多级"之分。"零级渠道"是企业直接向消费者销售产品，无中间商，品牌旗舰店多属此类。层级越靠前的分销商，供货价格越低，企业的渠道价差体系通常以产品建议零售价（Recommended Retail Price，RRP）为基础，不同层级分销商有不同"折价率"。例如，在"三级渠道"分销体系中，若某消费品建议零售价为 100 元，一级经销商折价率为 40 折，其进货价就是 100×40%=40 元；二级经销商折价率为 55 折，进货价为 100×55%=55 元，二者价差 15 元即一级经销商向下游供货的渠道收益，扣除成本后剩余部分是一级分销商的利润。二级经销商以 70 折价格将商品卖给终端零售商，终端零售商采购价为 100×70%=70 元。对于企业强控价的产品，零售商一般按建议零售价销售，但市场竞争加剧时，零售商可能根据自身策略制定售价，甚至低于进货价销售。产品分销渠道的层级（即渠道长度）是产品价格体系的主要构成部分。

渠道宽度指同一分销层级下分销商的数量，数量越多，宽度越宽。特定层级只有一个分销商属于集中型渠道宽度规划，如"区域总代理"或"区域独家代理"；同一层级有多个分销商则是密集型渠道结构。通常，同一层级下分销商供货价折价率相同，差异在"数量区隔价差"中体现，即根据分销商分销规模给予不同激励，数量区隔价差部分会进行详述。独家代理型渠道宽度下，企业控制力强但缺乏竞争，产品分销效率受独家分销商能力限制；密集型渠道宽度市场覆盖和销售潜力大，但企业对分销商控制力较弱。渠道宽度过密会导致分销商恶性竞争、引发渠道冲突、扰乱价格体系，所以并非越宽越好。

渠道广度指同一层级下分销商的类型数量。实际业务中，企业会按分销商服务人群特点在同一层级划分分销商类型，目的是区分渠道类型、提供差异化销售支持，同时扩大对相应消费群体的影响。例如，婴童产品型企业的一级分销商可能分为"线下商超类""线下母婴类""互联网电商"等。不同行业分销商类型划分因行业特点而异，如保健品行业，若有满足中老年和婴幼儿需求的产品，其分销渠道类型除"母婴类"外，可能还有"药妆类""商超类"分销商等。同一层级不同类型分销商供货价基本相同，差异在于根据渠道消费人群特点提供的差异化销售支持，数量区隔价差对不同类型分销商也适用。

企业渠道长度、宽度和广度的设计需综合考虑产品销量预期、市场渗透效率预期、运营成本预期、渠道控制力预期及可能的渠道冲突问题等。没有最佳设计，只有最适合的设计，且分销渠道体系需随市场发展趋势不断调整，图 5.4 展示了一个典型的产品型企业空间区隔价差体系。

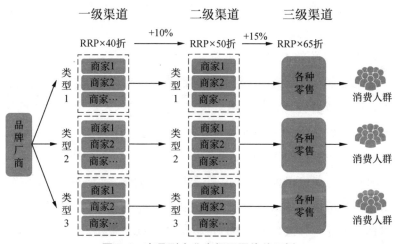

图 5.4　产品型企业空间区隔价差示例

时间区隔价差

产品型企业的时间区隔价差是指终端客户价格因时间不同而不同，分为促销活动期间的"促销价"和日常销售期间的"日常价"。这种价差体系多在面向 C 端消费者的产品型企业中使用，如消费品公司，面向 B 端企业客户的工业品公司则较少使用，这由细分行业特点决定。

通常，面向 B 端企业客户的公司尤其是工业品生产制造公司，其终端客户购买需求多按自身订单而定，不会因促销提前大量备货，但部分价格波动大的原材料产品客户可能因预判价格上涨在促销期间大量购买。

面向 C 端消费者的产品时间区隔价差设计中，日常价格相对稳定，促销价根据不同销售渠道活动综合投入程度划分等级。例如，"618""双十一"等电商购物节是产品型企业全年价格优惠力度最大的时期，此外，不同销售渠道还有"周年庆"等促销活动，它们共同构成了促销价差体系。促销活动等级越高，分销渠道越强势，价格优惠力度越大。

面向 C 端的产品型企业促销活动价格优惠有两种落地形式：一是通过官方直营销售渠道直接向消费者打折促销；二是通过分销体系向消费者传递价格优惠。按促销资源投入来源不同，通过分销体系的价格促销活动分为企业独立承担促销投入和与分销渠道按比例共同承担的"联合促销"。一般情况下，企业通过促销活动费用支持开展价格促销活动，不直接调整促销活动期间分销价格，以保障分销价格体系的独立性和完整性，实现"价促分离"。产品型企业年度经营预算中有专门的促销活动预算计划。在互联网电商平台"低价"内卷阶段，产品型企业要重视时间区隔价差体系设计，与分销渠道（尤其是几大电商平台公司）沟通促销活动方案，避免因追求短期销量增长破坏价格体系，影响品牌长期收益。

数量区隔价差

产品型企业的数量区隔价差是分销渠道价差体系的补充，是激发分销渠道活力的有效方式，主要通过企业与分销商签订的返利合同体现。

"返利"是指企业将部分利润返还给分销商，分销商在约定时间内达到合同约定目标即可获得。常见返利类型有"达量返利""现金折扣""提前付款折扣"等，其中"达量返利"应用最多，是指在约定时间内销售规模达到一定标准时，企业给予分销商约定比例的金额返还。返利可按约定时间分为"月度返利""季度返利""半年度返利"和"年度返利"。例如，某消费品公司与分销商 A 约定，年度全产品系列销售额达 1000 万元时，返还销售额的 2% 作为激励，这是年度销售额达量返利合同的核心条款，相当于全产品系列在分销价格基础上打 98 折。成本分析中的"价格瀑布"模型涵盖各类成本及分销渠道返利费用，展现了从价格到利润的全链路。返利形式根据计算基数不同分为"全额返利"与"（增量）阶梯返利"，表 5.1 列出了两者的具体内容及差异。

表 5.1　全额返利与（增量）阶梯返利示例

类型	核心条款	销售实际与返利计算方式
全额返利	① 售额满 1000 万元，返利 2% ② 销售额满 1500 万元，返利 3%	假设 1：实际销售 1200 万元，返利 = 1200 万元 × 2% = 24 万元 假设 2：实际销售 2000 万元，返利 = 2000 万元 × 3% = 60 万元
（增量）阶梯返利	① 销售额满 1000 万元，返利 2% ② 销售额满 1500 万元，1500 万元以上部分，返利 3%	假设 1：实际销售 1200 万元，返利 = 1200 万元 × 2% = 24 万元 假设 2：实际销售 2000 万元，返利 = 1500 万元 × 2%+(2000 万元 -1500 万元) × 3% = 30 万元 +15 万元 = 45 万元

全额返利与（增量）阶梯返利的核心差异在于返利计算方式。全额返利机制下，达成更高档目标后，所有销售额都按更高返利点位计算；（增量）阶梯返利模式下，只有超出目标的增量销售部分按更高点位计算。例如，全额返利中，实际销售额 2000 万元超过第二档 1500 万元时，2000 万元都按 3% 返利；而（增量）阶梯返利中，2000 万元销售额只有超过 1500 万元的 500 万元按 3% 计算，1500 万元以内按 2% 计算，全额返利支付金额比（增量）阶梯返利多。实际业务中，企业多从平衡成本与激励效果出发，选

择（增量）阶梯返利形式设计多级目标。将返利分摊到具体价格影响时，（增量）阶梯返利因分阶梯使用不同返利点位，计算比全额返利复杂。除按整体销售规模设返利目标外，还可针对重点推广产品或产品组合设置返利条款，如企业为鼓励分销商推广高单价新品，在新品推广期设"单品返利"激励政策。

总结来说，返利是企业对分销渠道的激励措施。在部分竞争激烈的行业或渠道，分销商为增加销售额、回笼资金，会将返利作为价格折扣让给下游渠道。例如，某新品返利10%，一级渠道分销商折价率40折，二级渠道分销商折价率55折，一级渠道分销商拿出5%单品返利给二级渠道分销商，二级渠道分销商折价率变为50折，一级渠道分销商通常会为这5%单品让利给二级渠道分销商设置一定目标条件。返利除可以激励销售外，还能帮助企业锁定目标销售额。假设当年销售额目标1000万元，不同分销商年度返利合同目标额合计600万元，只要分销商达成返利合同目标，就相当于60%的销售额目标多了一层保障。同时，企业还会设计"销售PK赛"等活动，激发渠道分销商及终端零售人员的销售活力，参与者在规定时间内达成销售目标或排名靠前可获得企业提供的现金或实物奖励。

5.2.2　定价方法选择

产品定价方式本质上取决于产品差异化程度和市场竞争状态。一般而言，面向C端的产品型企业，客户价值和市场竞争环境等外部因素是其定价的主要参考因素。在定价方法运用上，这类企业（如消费品公司）多以价值定价为主、竞争定价为辅，很少直接用成本加成定价（从产品销售份额角度）。从产品数量角度看，大部分企业中高销售额产品数量占比往往遵循二八法则，即20%的产品贡献80%销售额，80%的产品仅贡献20%销售额。销售额贡献比例低但数量占比高的产品，多采用成本加成定价，不过企业为这类产品定价投入的资源远低于高销售额产品。

面向B端的产品型企业（如工业品公司）中，受独家专业技术保护的创新型企业市场竞争压力小，掌握定价话语权，多采用价值定价和成本加成定价。缺乏技术专利的同质化产品型企业，无论是面向C端还是B端，价格竞争力和竞争定价是其生存的基础，因为没有产品优势就只能靠低价抢夺市场。

多数产品型企业有自己的新品开发流程，如第3章介绍的"门径管理体系"。依照新品开发流程顺序，新品定价在相应阶段主要采用联合分析法（颠覆性创新产品则用交换价值分析法），挖掘目标消费者对新品的支付意愿，并以此作为新品定价依据。

当产品进入生命周期的成熟期，市场竞争加剧、同类型产品增多，对于成熟产品，价格管理部门会综合考虑产品成本变化、市场竞争状况和下一代新品上市计划等信息调整价格。成熟阶段多采用竞争定价法。例如，某产品上市和成长阶段无相似产品，售价为1000元，随着类似且价格更低的产品出现，竞争加剧，替代品增多，且公司下一代产品半年后上市，此时企业通常参照市场中同类型产品价格调整售价。由于下一代产品即将上市，为加快库存销售，企业往往采用调价加促销组合方式，使消费者到手价低于市场价格水平。假设市场同类型产品售价800元，产品综合成本500元，企业会将售价调至800元左右，再通过价格促销使消费者到手价更低。价格下调节奏和力度取决于清理库存的时间规划。需注意，为避免扰乱消费者对品牌价格档次定位认知，企业一般不直接大幅降价，而是采用"降价＋促销"组合方式调整消费者到手价。在清理库存的销售渠道选择上，为防止干扰正常分销体系，企业多选择直播带货或奥特莱斯等特殊渠道。在产品生命周期短的行业，库存商品处理需求更强烈，如服装行业受季节和流行风格影响，除经典款式外，当季潮流款下一季很难正常出售，唯品会就是抓住这一商机，通过帮助品牌服装处理库存迅速崛起。

成本加成定价主要用于产品型企业的"长尾商品"，如针对特殊场景或人群的营养粉。这类商品在产品线中主要起维持品牌形象、丰富产品种类的作用。部分长尾商品曾是主流产品，后因消费习惯改变，从大众市场进入仅受品牌忠实粉丝喜爱的小众市场。长尾商品面向小众市场，市场同类型产品少，消费者价格敏感度低，企业可根据自身成本和利润目标定价。

5.3 日常价格运营工作安排

产品型企业日常价格运营工作主要包括第 1 章表 1.2 中列举的"价格策略制定与调整""新品定价""日常价格维护""价格指标分析相关工作"和"价格管理流程机制优化相关工作"。

5.3.1 价格策略制定与调整

产品型企业以赚取利润为经营目标，通常用毛利额和营业利润衡量。经营策略是达成经营目标方式和路径的分解，价格策略与企业利润直接相关，是经营策略的核心。产品型企业围绕利润目标的价格策略主要体现在产品价格档次定位和分销渠道价差设计两方面。

产品价格档次定位是确定不同子品牌或产品线中产品的经营角色，明确哪些子品牌或产品以有竞争力的价格抢占市场份额，成为销售额主要贡献者，哪些可定高价作为利润主要来源。为确保不同产品价格档次定位有区分，通常按产品线细分类目设置毛利率底线，即渠道分销价对应的毛利率不得低于对应细分类目的毛利率阈值。对于重点核心单品，还会设单品维度的毛利率底线阈值或最低价限制（"地板价"），这也是价格围栏的一种形式。例如，某产品线细分类目毛利率底线阈值为20%，成本10元，则最低渠道分销价不得低于12.5元。价格管理部门强势的公司，会将返利与促销费用支持纳入管理，若毛利率底线阈值为20%，返利2%，费用支持5%，则囊括返利与费用支持后的利润率底线阈值为27%。多数情况企业采用毛利率底线阈值加返利的方式进行底线管理，即直接以渠道分销价扣除成本及返利后的利润率为底线阈值，促销费用由销售部门灵活调配。

产品价格档次定位工作需价格管理部门与产品开发部门深度协作。新品可行性分析阶段就要明确产品目标消费人群、支付意愿以及对公司经营的贡献（销售额、利润或二者双增长）。产品型企业定期价格回顾是根据市场环境和产品发展计划重新评估产品生命周期阶段，判断是否调整价格及调整节奏和方式。例如，一款上市初期定位高端的产品，可能因竞争对手入局改变消费者结构，追求独特性的消费者可能放弃该产品。此时企业需顺应市场变化，参照主流消费人群支付意愿和市场竞争状态调整价格，并适时推出下一代产品。如前文强调，产品价格高低需有客观依据，如产品价差以功能或增值服务差异为基础，高价产品性能更好或增值服务更完善，仅靠广告宣传或包装差异体现价格差异的品牌难以持久。不同价格定位产品满足不同消费者需求，共同支撑企业经营目标实现。

分销渠道价差策略是支撑企业收益目标达成的另一核心策略，其制定和调整需与销售渠道管理部门深入合作。分销渠道价差设计是确定不同分销渠道间的价格水位差，体现产品型企业的产品分销策略，即企业希望通过何种结构、哪些渠道销售产品，以及如何在维护各级渠道分销商利益的前提下促进良性竞争。折价率是分销渠道价差的主要体现形式，是分销商价格管理的关键。越接近终端的分销商对渠道价差要求越高，因为渠道层级越低的分销商服务的下游对象越分散，运营成本越高，需要更高渠道价差维持运转和发展。例如，1个一级渠道分销商服务10个二级渠道分销商，产品从1个仓配送到10个仓；而1个二级渠道分销商可能服务200个零售门店，需将产品配送到200个不同门店，正常情况下，二级渠道分销商日常物流配送成本远高于一级渠道分销商。在折价率基础上，还可通过不同形式的返利合同设计进行策略补充，对不同层级渠道分销商实施差异化销售激励。

基于内部经营视角和外部消费者行为视角对产品或服务分类和分层是所有价格策略的基础，价格策略具体措施可概括为：以价格敏感类商品引流，推动销售规模增长；以低价格敏感、高利润类商品作为利润主要来源。价格策略是否有效，取决于价格管理人员对企业所处行业供给端成本、需求端消费者和市场行业竞争状况3C分析各维度的理解程度。

价格策略制定与调整在日常价格运营工作中重要但不频繁。短期内，外部市场环境和公司内部经营情况不会突然发生重大变化。因此，除部分单品维度的返利政策可能按季度或月度评估调整外，企业通常在 3C 分析逻辑下，按年度或半年度评估和调整整体策略。

5.3.2　新品定价

新品定价工作频率与公司规模和发展阶段有关。只有产品组合丰富且处于发展期的企业才会定期推出新品并定价。新品开发周期长、投入资源多，产品型企业一般按既定新品开发计划开展项目。新品定价是新品开发流程的一个环节，价格管理人员按公司新品开发项目流程操作即可。定价方法以价值定价为主、竞争定价为辅，很少直接用成本加成定价（指头部商品）。需注意，新品定价包括建议零售价和基于不同渠道折价率的渠道分销价，由于渠道折价率相对固定，确定建议零售价通常就确定了渠道分销价。

5.3.3　日常价格维护

日常价格维护包括特殊调价申请审核、定期价格回顾与调整、促销活动价格制定和乱价行为查处等主要部分，是除价格指标分析工作外耗时最多的工作。

特殊调价申请审核。在产品型企业中，面向 C 端消费者的消费品公司和面向 B 端企业客户的工业品公司，特殊调价申请触发场景相似，但实现形式和申请频率不同。企业客户为获取特定项目订单，常需上游原料商在正常供货价基础上给予项目特殊支持。工业品行业价格透明度相对低，多以直接降价为主。消费品行业更倾向用促销费用支持实现调价，因为价格相对透明，直接调整供货价可能破坏价格分销体系。从财务损益角度看，直接调价会影响企业收入和毛利指标，促销费用影响经营利润。通常，消费品公司以销售额（收入和毛利）作为业务部门主要绩效考核指标，下调销售价意味着销售额与毛利减少。促销费用多采用额度管理，不超额度即达标，所以基本上不到万不得已不会轻易改价格。价格部门需从两方面评估特殊价格订单申请的可行性。

一是定量评估，运用成本分析中介绍的"盈亏平衡销量门槛线"（图 3.6），评估在保持原利润不变情况下，该订单量与客户日常采购量的增量关系。

二是定性评估，判断申请属于"增量份额（Share Gain）"还是"防守份额（Share Defense）"，以及调价申请是一次性项目支持还是长期价格调整。增量份额指客户在原有正常采购量上的额外增量，或销售团队从竞争对手处争取的新客户或新订单；防守份额则相反，指不降价就会失去的客户或订单。一次性项目价格支持有指定采购量和生效时间限制，超过则价格失效；长期调价表示价格审批通过后，该客户所有订单按新价格执行，直至新的价格调整。对于规模大的调价申请，价格管理人员甚至需与销售人员一同拜访客户了解更多信息。

对于一次性、限量的增量份额类型特价支持，只要采购增量超过盈亏平衡销量门槛线，评估就相对简单。对于长期的增量份额类型特价支持，销售增量基于预估，为确保客户达到销售增量承诺，此类调价通常建议销售团队与客户通过达量返利形式让利。例如，客户预估每月销售增量为 10000 个采购单位，要求降价 2%，可通过月度达量返利合同约定，当月度增量采购量≥10000 个采购单位时，返利 2%。防守份额类型及增量份额类型中低于增量销售门槛的特价申请，则主要依据细分类目或单品毛利率底线阈值，按审批权限规则逐级审批。价格管理人员在评估意见中应提供采购量变化、价格变化、毛利变化及降价销售增量门槛等信息，供管理者决策参考。调价审批权限管理（即毛利率在何种范围内需哪一级管理者审批）也是价格管理人员日常运营工作的一部分。项目订单多的产品型企业，通常会设立专业的 B2B 渠道销售部门，专注开发和管理大额项目订单，并针对特定项目推出专属型号产品（包括联名款或渠道特供款），以维护价格体系稳定。

受市场竞争环境和成本等因素变化影响，价格管理部门需定期评估和调整公司整体价格体系。一般而言，面向 C 端消费者的消费品企业每年年底综合考虑外部市场环境变化和下一年度经营战略规划，进行价格体系评估和调整。面向 B 端企业客户的工业品公司因价格受原料成本影响大，通常按半年度评估和调整价格体系。若上游原材料价格大幅上涨，需及时评估影响并调整价格。对于不得不上调销售价格的情况，为减轻对下游分销商和终端消费者的冲击，避免销量下滑，通常分批次、渐进式涨价，并告知下游分销商每次调价幅度和生效时间。

促销活动价格制定：通常遵循价格体系中时间区隔价差的规则。只有需要直接调整渠道分销价格时，价格管理部门才介入，并依据特殊调价申请流程和方法操作。在不涉及渠道分销价格调整且促销活动在年度促销费用预算内的情况下，价格管理部门不直接参与活动价格设定，由销售部门根据时间区隔价差规则与分销渠道商协商活动方案，确定后提交价格管理部门备案存档。价格管理部门根据活动方案监测价格执行情况。若不同分销渠道间在方案策划初期难以达成一致，价格管理部门会介入组织协调，确保方案顺利出台。

乱价行为查处：价格管理体系中"价格围栏"的重要部分，是维护价格体系的管理措施，主要监督和治理分销商不按约定销售产品的行为，包括向非授权区域、市场、渠道层级销售产品，以及以非约定价格向下游渠道销售产品（即"窜货"）。窜货分为恶意窜货和自然窜货。恶意窜货是分销商为短期利益向非授权区域倾销商品，是查处重点；自然窜货发生在部分销售区域边界，非分销商有意为之。一旦核实乱价行为，产品型企业通常会采取暂停供货一段时间或永久终止与乱价分销商合作等措施。不同公司对乱价和窜货行为查处方式不同，有些公司购买第三方价格监测和市场巡检服务，由第三方提供巡检报告；有些公司建立自己的市场巡检团队，除查处乱价外，还检查产品陈列、促销活动内容和促销员服务是否符合标准。乱价只是渠道管理工作的一部分，从运营效率和成本考虑，乱价行为查处职能多由销售渠道管理部门负责日常市场巡检。当涉及价格体系设计缺陷导致的窜货、乱价行为时，价格管理部门会与销售渠道管理部门共同复盘，根据实际情况调整和优化价格体系。在业务实践中，面向 B 端企业客户的产品型企业因销售多为大宗商品，窜货流通成本较高，所以窜货、乱价多发生在面向 C 端消费者的企业中，如消费品公司。

渠道分销价格体系及销售激励政策设计不合理是乱价和窜货行为的根本原因。如返利目标过高，分销商为获取返利向非授权区域倾销产品；促销价格让利过大，区域价格失衡，导致分销商倾销；分销商将市场宣传费用折成价格促销，扰乱价格体系等。从根本上，产品型企业应注重价格体系合理构建、促销政策规范管理和销售目标科学设定，以消除乱价和窜货现象根源。

综上所述，日常价格运营工作需细致全面，确保价格策略有效实施和价格体系稳定维护。

5.3.4　价格指标分析相关工作

完整的价格指标相关工作包括指标设计、指标监控、指标分析和分析报告输出等内容。日常价格运营中，需依据不同分析目的设计不同衡量指标。价格数据来源分为外部数据和内部数据。常用外部数据主要有竞对同类型产品价格、成本和行业利润水平等；内部数据主要包括产品成本、各渠道分销价、终端市场销售价和产品毛利率等。对外部数据和内部数据进行加工比较，形成相应价格指标。消费品公司价格管理主要关注三项指标：产品价格竞争力、产品市场份额和产品毛利率。不同角色定位的产品，这三项指标的监测优先级和重要程度不同。对于以获取销售额为目标、大众及高性价比定位的子品牌或产品线，价格竞争力和市场份额是关注重点；对于定位是为公司贡献经营毛利的高端产品，产品毛利率变化是关注重点。

前面章节介绍了产品价格竞争力评估的两个核心维度"价优幅度"与"价优占比"。通常，产品型企业审视整体价格竞争力时，不仅关注加权计算结果，还会分区域、分渠道监测分析产品价格表现，并根据细分市场特点制定差异化价格竞争策略。在收集和监控市场价格信息的同时，企业也密切关注相应市场中产品市场份额动态变化。为此，面向 C 端的消费品企业常向尼尔森等权威市场研究机构采购数据，这些数据包含外部市场竞争对手的产品价格和市场份额信息。面向 B 端企业客户的公司则多通过销售人员拜访客户获取市场竞对价格和份额信息。产品毛利率主要依据产品型企业自身数据监测分析，过程中常采用成本分析章节提到的"价格瀑布"工具。该工具能全面追溯从价格到利润各个环节，揭示各因素对利润变化的影响，使价格管理人员能快速准确识别影响利润的关键因素，进而有针对性地解决问题。

5.3.5　价格管理流程机制优化相关工作

在价格管理日常运营工作中发现的多数问题，会成为推动价格管理规则、流程机制优化改进的"动力"来源。优化工作可分为规则优化、流程机制优化和产品功能优化三种主要类型。例如，在价格巡检中发现某类型市场推广活动因方案设计不合理可能扰乱正常分销价格体系，对活动方案的修订属于规则优化；为避免调价影响产品价格档次定位，在特殊价格申请审批流程中增加产品管理部门人员复核，属于流程机制优化；因数据产品功能问题，导致价格瀑布图中某类型返利数据与实际有偏差，对数据产品的改进属于产品功能优化。

表 5.2 展示了一家价格管理相对成熟的产品型企业日常价格运营各项工作的重要性和时间占比情况。工作重要性排序越靠前，重要程度越高。需注意，时间占比仅为相对投入时长比例，非绝对时间分配方案，且因公司发展阶段和所属细分领域不同而变化。在价格管理体系成熟的组织中，价格维护、指标分析等日常运营活动时间投入比例较高，体现公司对维持价格稳定和优化管理效率的重视。相反，策略制定与优化类工作时间占比较低，因为成熟的价格策略体系相对稳定，无须频繁调整。相反，价格管理起步较晚的公司，可能需在策略制定与优化上投入更多时间，探索适合自身的价格策略，日常运营工作时间占比相对较低。时间占比中，"10%"为较低比例，"30%"为较高比例，"20%"

表示时间投入适中。这种划分有助于公司更清晰了解各项工作优先级和资源分配情况。

表 5.2　产品型企业日常价格运营工作重要性与时间占比示例

日常价格运营工作	重要性	时间占比
价格策略制定与调整	1	10%
新品定价（建议零售价、渠道分销价等）	2	10%
日常价格维护（定期回顾调价/促销价格等）	3	30%
价格指标设计/监控/分析/报告（竞对/市场趋势/支持价格决策）	4	30%
价格管理流程/机制/方法/功能优化	5	20%

5.4　产品型企业价格管理机会点

在与行业内各级价格管理人员的日常交流中，结合我自身的实战经验可知，尽管各产品型企业面临的内、外部环境不同，但从行业整体实践来看，价格管理的线上化转型和产品供给的差异化策略是提升价格管理水平的关键机遇。对于价格管理起步较晚的企业而言，这反而是发挥后发优势、轻装上阵、筑牢基础的契机。

5.4.1　价格管理的线上化转型

在信息化技术飞速发展的当下，多数消费品公司仍采用传统的线下手工报表模式开展价格管理，特殊价格审批通过邮件提交与处理，价格管理核心指标需人工整合数据并制作可视化图表，毛利监控也面临成本信息更新迟缓、返利数据缺失等问题。对于初创的小型公司，这种管理方式或许尚可，但当公司发展到一定规模时，落后的价格管理基础能力建设会限制公司发展。前文已详述了价格管理在市场竞争格局和公司利润增长策略中的核心地位，所以推进价格管理线上化转型势在必行，这能让价格管理过程更清晰透明，大幅提高运营效率。在我的价格管理职业生涯中，我曾在不同企业负责规模各异的价格管理线上化升级项目，借此完善了内部运营与管理体系，为公司规模化、高质量发展筑牢了价格管理能力根基。

价格管理线上化可分四个模块依次建设（图5.5）。

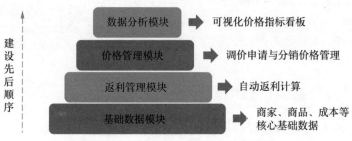

图5.5　价格管理线上化四大核心模块

首先是**基础数据模块**，构建标准数据库，统一管理和维护商品、商家的基础信息，以及每日更新的成本、返利和交易记录等核心基础数据。这是价格管理线上化的首要环节，目的是保证数据的准确、完整和及时，为价格策略制定、市场分析和运营决策提供数据支持。

其次是**返利管理模块**，在标准数据库基础上，推动返利合同条款线上化。该模块通过多维度自动化手段，精准评估和追踪返利合同执行情况。例如，产品型企业与分销商签季度返利协议，销售额目标100万元，返利2%，此模块能每日自动同步销售额数据、计算完成进度，还能基于合同核心数据多维度预估返利，实时监测返利进度并自动计算商品净价。净价即扣除返利后的售价，如商品原价10元，返利2%，净价为9.8元。这一功能提高了返利管理的效率与准确性，也为企业提供了更清晰、透明的成本控制和销售利润分析视角。

接着是**价格管理模块**，在标准数据库和返利管理模块基础上搭建，涵盖调价申请管理、价格设置等内容。它能自动计算调价审批的关键信息，如产品净价、调价前后毛利率变动、历史销售数据和降价所需的销量增长阈值等。若有外部市场价格数据源，可加入竞对相似产品价格作为审批参考。根据审批权限规则和数据指标，自动生成审批路径并通知审批人，将邮件审批方式线上化、系统化。同时，还能将不同产品建议零售价与分销渠道折价率设置线上化，自动调整不同分销商的分销价格。

最后是**数据分析模块**，在上述模块基础上搭建日维度更新的可视化模块，依据权限管理规则，为不同管理角色展示不同颗粒度的数据。

通过这些模块的线上化与数字化能力建设，可满足企业不同管理层级对价格管理全流程追踪的需求，将整体经营结果与过程管理各环节紧密相连，有效提升发现和解决问题的效率。

5.4.2 产品供给差异化

在价格竞争愈发激烈的情况下，保障产品型企业自身收益是价格管理的难点与机会所在。除设计合理的产品价差与渠道价差体系外，将二者结合，实施产品差异化供给策略是平衡零售商间价格竞争的有效举措。产品差异化供给是对不同细分市场供应不同产品，本质是通过产品区隔实现价格差异。狭义的产品差异化供给是针对不同客户需求供应不同产品，即通过价格体系中产品价格档次定位实现客户支付意愿与产品价格匹配的"不同产品价差"。这里所说的差异化供给是在"不同产品价差"与"相同产品价差"之间构建中间产品形态，通过外包装、产品构成、功能和附加服务的细微差异组合，推出价格档次定位相似但属性有别的差异化产品。例如，基于不同外包装，区分数量规格（净含量、数量等）、颜色、成分（含或不含某种成分）以及是否有延保服务等差异，前面提到的项目特价订单就是这种差异化供给策略的体现。常见策略如下。

一是推出"定制款"，"某某品牌联名款""某某IP联名款""某某渠道定制款"等都是通过产品定制实现差异化供给的典型方式。近年来，随着消费者对文化IP的认同与追捧，功能相同的产品，富含特定IP形象的版本比标准版本溢价空间更大。比如，线下某渠道门店特供的带有"奥特曼"IP卡通形象喷涂的中性笔，价格比同厂生产的非IP款高出50%；连锁商旅型酒店房间提供的瓶装饮用水，外包装多印有"酒店渠道专用"或"仅限酒店使用"等标识。

二是在指定渠道销售特定型号产品。与定制款不同，这种方式不刻意强调"定制"或"特供"，而是通过产品属性差异体现。例如，某产品的粉色款只在A电商销售，或某500毫升规格的产品只供应给B零售商。

前文多次提及规模化、标准化生产可降低成本，那么产品差异化供给是否会增加成本呢？理论上，在生产能力固定时，差异化定制可能会增加成本，比如8个型号的产品可能需8套模具，甚至8条生产线分别生产。但随着3D打印技术和柔性生产技术的发展，产品型企业产品定制化、差异化生产的成本大幅降低，为差异化产品供给策略提供了技术和物质基础。柔性生产是为克服

"大规模生产"弊端而产生的新型生产模式，利用信息技术和自动化生产技术实现快速、小规模、差异化、低成本生产。目前，柔性生产模式已在消费电子、服装、家居日用等消费品行业广泛应用，具备了根据消费者个体需求进行低成本、差异化定制的能力。此外，这里的差异化产品供给是相对差异化，并非完全按个体需求定制，所以在柔性生产技术支持下，仍能实现规模成本优势。面向 B 端企业客户提供差异化产品时，应从单纯售卖产品思维转向为企业客户提供整体问题解决方案。当前，国际大型 B 端产品型企业如 IBM、通用电气等都已从单纯销售产品转为提供解决方案。客户购买产品是为解决问题，卖服务比单纯卖产品更具差异化价值。

实施产品差异化供给策略，不仅能缓解和避免不同零售商因比价跟价等价格竞争行为导致的品牌厂家价格体系混乱，还有助于产品型企业进行渠道管理和价格体系维护，降低产品流通追踪和乱价行为查处的难度。产品差异化策略是产品型企业抵御"价格战"的重要手段，只有持续推出创新且符合消费者需求的差异化产品或服务，才能在激烈的市场竞争中构建坚实竞争优势。

5.5 如何从0到1落地价格管理

本章前半部分阐述了产品型企业价格管理的目标演进、组织汇报关系变化、价格体系设计与定价方法、日常价格运营工作及管理实践中的机会点，呈现了产品型企业价格管理从 0 到 1 的实施阶段和成熟后的日常工作内容。良好的开端对成功意义重大，本节内容基于我的实际经验提炼总结而成，详细阐述产品型企业在价格管理策略实施初期，项目组或价格管理团队应采取的三个关键举措，以保障价格管理策略顺利推进并获得成效，这些举措包括构建合理组织形式与明确目标设定、选择实施切入点、识别并解决关键问题。

5.5.1　组织形式与目标设定

人们对新观念、流程和做法的接受存在惯性，价格管理变革中常伴有质疑、冲突和抵触，这增加了变革难度。所以，企业一把手直接参与是价格管理变革顺利推行的组织保障，价格管理变革应作为"一把手工程"，合理配置资源，对已认识到价格管理阻碍自身发展的企业尤为关键。在此情况下，推行价格管理变革的企业应组建实体项目组，项目组负责人向企业一把手或其授权的CXO级别高级管理层汇报，这种组织设置利于项目初期资源的协调与调动，减少内部变革阻力。

确定组织形式和汇报层级后，要解决项目组成员构成问题。若有熟悉企业现状的专职项目经理，项目组负责人可从外部招聘有丰富价格管理经验的人才；若没有，项目负责人建议从组织内选拔，以缩短适应时间、提高资源调度效率。专职项目经理主要协助项目负责人融入组织和开展协调工作。理想状态下，项目组其他成员由外部招聘和内部调动人员组成，外部招聘的价格管理专业人员能带来专业理念和先进做法，保证变革的专业性与前瞻性；跨部门抽调有学习能力和变革意识的优秀人员可降低"水土不服"风险，内部调动优先从财务、销售运营、产品开发和市场营销等部门选拔，保证成员背景多样性。起步阶段价格管理组织汇报关系如图5.6所示，项目运行平稳后，企业一把手可下放价格管理职权，依据企业部门成熟度确定不同阶段价格管理部门的汇报关系。

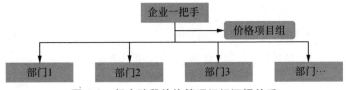

图 5.6　起步阶段价格管理组织汇报关系

价格管理成熟阶段，价格管理组织与各业务部门共同对企业毛利额等结果指标负责，但起步阶段价格管理组织在权责利不对等时，无法直接对经营结果指标负责。无论以项目组形式还是在职能部门内设置价格管理组织，其目标都应遵循图 5.2"产品型企业价格管理目标演进示意"规律。起步阶段，价格管理组织负责价格规则、流程与能力建设，核心是构建数据和产品工具能力，推动规则与流程优化更新，确保项目按计划执行，满足质量和效率要求。

5.5.2　切入点选择与关键问题的识别和解决

起步阶段，负责价格规则、流程与能力建设的价格管理组织应以什么为切入点？答案是聚焦于价格指标与报表设计以及可视化数据看板建设。因为清晰洞察问题是解决问题的前提，数据指标设计与呈现的过程往往能明确后续工作要点和方向。

可从产品毛利率指标入手，通过建设可视化价格瀑布图，梳理公司日常运营中产品和客户的各项指标。项目组借此掌握不同产品及客户的运营情况、发现问题，同时实现数据标准化和业务管理规范化。经营指标公开透明可促进业务管理规范化，价格管理中的问题也会在这一过程中暴露和解决。很多管理者通过业务系统升级带动公司管理规范化，比如中小企业业务人员对客户口头承诺缺乏监督和记录会引发客户纠纷。回顾第 3 章图 3.5 的价格瀑布示例图，完整的价格瀑布图串联从建议零售价到返利、价格投入及成本各环节，只要数据及时准确，就能发现业务环节的问题。

根据公司数据化管理现状，可将价格瀑布图接入现有可视化经营指标大盘，或在建设价格瀑布图时加入销售额、销售量等经营大盘数据。在项目组和信息技术部门资源允许时，可同时建设产品价格竞争力与产品市场份额指标监测能力。对于线上化数据管理基础薄弱的企业，起步阶段可先通过线下手工处理建立价格瀑布图报表，每周安排专人输出重点产品和客户数据，通过邮件发送给相关人员，同时配合相关部门逐步建立线上化、信息化价格管理指标体系。

通过价格管理数据指标设计和可视化数据监测能力建设，项目组切入价格管理过程。公司管理层和价格管理团队每天可通过可视化数据看板直观获取产品、客户、区域等多维度销售额、销售量和利润等核心经营指标，通过价格瀑布图精准识别毛利额变动的关键环节和指标情况。接下来，要根据数据分析和指标监测发现的问题确定优先解决的关键问题并制订改善计划。

一般而言，从 0 到 1 建立规范化价格管理的产品型企业，通常面临日常调价管理不规范和价格体系混乱两个关键问题。

识别企业日常调价管理不规范问题有明显共性特征。比如，价格管理人员通过价格瀑布图和其他销售数据分析，发现某客户销售净价低于平均水平，且价格调整后销售贡献增长不明显，查看交易记录发现销售人员在主管口头同意后多次调整该客户供货价格。针对此问题，新成立的价格管理部门组织专项会议，讨论日常价格调整的规范化管理，这意味着价格管理组织介入经营核心环节，通过管理日常调价流程影响整体经营。

日常调价规范化管理的第一步是按标准规范和划分审批权限，调价影响程度是划分依据。比如全国范围调价需各职能部门负责人审批，单个客户单个产品的一次性价格支持可能只需价格管理部门和业务主管审批，也可将毛利率阈值作为审批权限划分标准。明确审批权限后，第二步是设置调价评估标准并开发分析支持工具。调价审批从"定量"与"定性"两个维度评估，在调价申请中，申请人需按标准选择或输入调价评估信息，如生效范围、时间、增量份额或防御份额等。通过规范日常调价申请，确保价格体系相对稳定，结合定期价格回顾，进一步保障价格体系支持企业健康发展。针对价格规范化管理实施前的历史遗留问题，可借助第一次整体价格回顾进行系统性修正。

完成日常调价管理和定期价格回顾后，价格管理组织可将重点转移到新品定价的流程规范和定价方法升级上。

从经验来看，产品型企业实施价格管理改革并设立专门部门，是为解决日常价格管理不规范导致的价格体系混乱、分销渠道冲突和企业利润下滑等问题，以指导后续策略和手段的制定实施。

为什么建议从 0 到 1 实施价格管理的产品型企业，在起步阶段将价格管理组织以项目组形式直接汇报给企业一把手呢？因为价格体系关乎企业生存发展，涉及多个核心职能组织，只有向企业一把手汇报，才能保障价格管理变革顺利推进和有效实施。选择以价格指标与报表设计及可视化数据看板建设为切入点，是为了让数据暴露问题，当各职能部门清楚意识到问题时，就会主动解决问题。

从日常调价管理规范化开始，价格管理组织可有序运用专业价格管理技术和理念，推进公司价格管理体系建设，开展日常运营维护工作，保障公司利润健康可持续。

图 5.7 概括了产品型企业从 0 到 1 落地价格管理实践的一般步骤阶段。

图 5.7　产品型企业价格管理落地阶段划分

5.6　香奈儿的"平衡全球售价"计划

随着跨国商品流通愈发便利以及中国企业出海渐成趋势，国内产品型企业在设计分销渠道价差体系时，除考量国内分销渠道价格落差外，对于在不同国家和地区销售的产品，需将各国和地区的分销渠道价格体系当作一个整体来看待。要防止部分地区价格过低产生"套利"空间，避免产品通过"代购"等非官方途径流入价格高的地区，从而扰乱整体价格体系。香奈儿等奢侈品牌为平衡代购对中国国内销售的影响而调整国外本地价格的案例，值得中国企业在设置海外价格时借鉴。

5.6.1　香奈儿调价回顾

2015 年，时尚界巨头香奈儿的调价策略在奢侈品市场引起了强烈反响。

　价格力——用 1% 的力量撬动利润与规模双增长

这一调价策略有着深刻的原因。首先是汇率因素，当时欧元贬值，中国与欧洲市场上香奈儿产品的价格差异更加显著。同时，消费外流现象严重。根据财富品质研究院报告，2013年后，超过70%的中国消费者在中国内地之外购买奢侈品，中国内地市场几乎沦为品牌的形象展示场所，对香奈儿的整体运营产生了不利影响。此外，香奈儿业绩面临挑战。2014年，中国内地奢侈品消费首次出现负增长，香奈儿在华奢侈品门店销售低迷。过去5年其年均涨价幅度超过15%，中国与欧洲市场销售差价达40%左右，这种高价策略严重影响了其在华销售业绩。

在调价内容方面，2015年4月8日起，香奈儿首先对经典款11.12、2.55和Boy Chanel手袋系列调整价格，并在当年内陆续对所有精品系列进行调整。价格变动情况为欧洲市场这三款经典手袋定价上调20%，中国内地市场价格下降约20%，调整后两地价差控制在不超过5%。例如，11.12款手袋在中国内地售价从3.82万元降至3万元，与涨价后的欧洲价格相比，价差从1.47万元大幅缩小到1800元；Le Boy手袋中国内地价格从3.27万元下调至2.6万元，两地差价缩小至1400元。

香奈儿此次调价目的明确。一是打击代购，此前巨大的价差使得海外代购盛行，大量中国消费者通过代购或出境购买香奈儿产品，此次调价极大地削弱了代购的价格优势，对代购市场产生了重大冲击。二是平衡市场，协调全球价格差距，使产品售价趋于一致，提升顾客店内购物体验，减少因价差过大对品牌形象的损害，促进全球市场平衡发展。三是激活中国市场，通过降价吸引中国消费者回流，使近年来冷清的中国内地市场活跃起来，增加销售额和市场份额，提升品牌在华竞争力。

这次调价带来了显著的市场影响。消费者反应热烈，消息传开后，北京、上海、南京等多地的香奈儿精品店出现消费者连夜排队抢购热潮，部分热门款式甚至缺货。从行业角度看，香奈儿作为奢侈品行业的标杆，其降价行为备受关注，被认为可能引发奢侈品行业集体降价潮，促使其他奢侈品牌重新审视和调整自身全球价格体系。

在香奈儿之后，奢侈品品牌巨头们也陆续对全球价格体系进行调整。路易威登调低在华售价以平衡价格差异，2018 年因中国进口关税下调，再次下调在华产品价格，如 Monogram 中号双肩包价格从 1.64 万元降至 1.57 万元，Neverfull 从 1.04 万元降至 9900元。2015 年，普拉达推行全球协调定价策略，提高欧洲市场售价，将欧洲市场与中国市场 35% 的价差幅度缩窄至 10% ～ 15%，把中国顾客留在本地消费。卡地亚、百达翡丽、宝格丽也在相近时间先后对其全球分销价格体系进行了调整。

5.6.2　跨国价差体系设计的逻辑

关税、汇率、运费和代购利润预期是影响跨国分销渠道价格体系设计的主要因素。简单来说，当国外代购价格与国内官方销售渠道价格接近时，消费者通过非官方渠道购买的意愿就会降低，代购也就失去了市场。这就是奢侈品牌巨头们上调部分定价偏低国家和地区的市场零售价、下调中国市场价格的原因。

通过图 5.8 某小件消费品的示例可以更直观地看到跨国价差体系设计对商品跨国流通的影响（示例中货币已统一换算为人民币）。

A 代表的国内零售价格与 H 国零售价格的差异是代购"套利"的理论空间，但正常情况下，如果代购价格与国内购买价格相同，消费者就没有动力通过代购渠道购买，所以代购会在 H 国零售价格基础上加关税、运费等成本及预期利润得到 B 代购的加价额。C 代购渠道售价比国内其他渠道便宜 8 元是消费者通过代购渠道购买的动力，单价越高的产品，代购的利润空间越大。

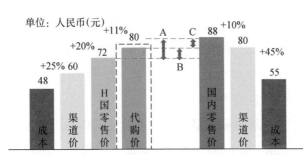

A=16元,是代购的"套利"空间,即H国零售价与国内零售价的差值

B=8元,是代购的加价额,其中包含了代购利润以及各项成本

C=8元,是消费者在代购渠道购买的价差动力

图 5.8 跨国分销价格中代购的"套利"空间示例

产品型企业可以通过与 H 国分销渠道协商提高零售价或者下调国内市场零售价的方式，来降低代购对国内市场的影响。选择哪种方式取决于企业对主要消费市场的判断和对整体利润的期望。如果国内市场是主要消费来源，通常会选择提高 H 国零售价来缩小两国价差，也可以选择 H 国提价与国内降价"各让一步"的方式来减轻 H 国本土市场的销售压力。

小结

产品型企业从 0 到 1 系统性落地价格管理包含多个阶段与关键步骤。首先是建立阶段，重点进行价格相关规则、流程以及基础能力建设，例如监控市场趋势、确定定价准则和程序、辅助价格谈判、提供价格报告与分析等。这些基础工作能使价格管理团队熟悉业务、增强能力，并与相关部门建立信任。

当价格管理体系逐步完善后，企业便进入发展阶段，开始对价格竞争力、促销活动 ROI 等过程类指标负责。在此阶段，价格管理部门负责制定并执行价格策略，保障价格竞争力，以实现利润最大化。价格竞争力通过"价优占比"和"价优幅度"来衡量，促销活动 ROI 则侧重于评估价格类促销的效果。

到了成熟阶段，价格管理部门与产品、销售等相关部门共同对公司毛利额等结果指标负责，这时需要平衡销量与价格的关系。在这一阶段，公司高层会直接参与价格策略的沟通与决策，以解决关键策略或执行方面的分歧。

价格管理的线上化转型和产品供给的差异化策略是提升价格管理水平的重要机遇。线上化转型包括建设基础数据、返利管理、价格管理和数据分析四个模块，能够提高运营效率和管理透明度。产品差异化供给策略是利用外包装、产品构成、功能和附加服务等方面的细微差异进行组合，推出价格档次相近但属性不同的差异化产品，以此缓解分销渠道间（尤其是电商平台）价格竞争对企业价格体系的影响。

产品型企业从 0 到 1 落地价格管理，大约需要 6 个月来建设和整合规则、流程及基础能力，使其正常运行。价格竞争力指标和促销 ROI 指标相关工作通常在 6～8 个月进入正常运转状态。在此过程中，企业一把手的直接参与和支持至关重要，这能保障价格管理变革顺利推进和有效实施。

通过这些步骤，以价格指标与报表设计、可视化数据看板建设为切入点，将日常价格调整的规范化管理融入经营核心环节。然后依据行业价格管理实践的发展规律开展策略行动，产品型企业就能够构建系统的价格管理体系，为企业的长期发展和利润增长提供有力支撑。

近年来，随着中国企业出海趋势渐显，如何在出海过程中平衡产品在全球的分销价格体系这一问题备受关注。2015年左右，香奈儿等奢侈品牌为平衡全球价格体系所进行的一系列跨国价格体系调整，值得产品型企业学习与借鉴。

第 6 章

产品型企业如何在与电商
平台的价格博弈中掌握定
价权

前面章节提到，严格来讲，电商平台作为零售渠道商，不会直接定价，而是在产品型企业建议零售价的基础上调整价格。存量市场下，市场供过于求，作为主要销售渠道的电商平台掌握流量优势，在与产品型企业的价格博弈中占据主导，对产品售价影响渐大。因平台商品众多且竞争激烈，"卷价格"成为主要竞争策略。在弱产品强渠道环境中，产品型企业在与强势电商平台价格博弈时掌握定价权成为价格管理的关键话题。

提供满足客户需求的差异化产品是产品型企业掌握市场定价权的关键，比如强生子公司 Cordis 开发的冠心病革命性涂布支架 Cypher，其售价为市场平均水平近 3 倍，成本 375 美元，售价 3195 美元，毛利率高达 88%，占据 60% 的市场份额。"人无我有，人有我优"的产品，再强势的渠道也得重视。并非所有产品型企业都像药企有技术专利壁垒，在推出差异化产品前，需策略性处理与电商平台的共生关系。

6.1 电商平台三种主要经营模式与价格管理方式

产品型企业要在与电商平台价格博弈中掌握定价权，需先了解电商平台的经营模式和价格管理方式，以针对性制定策略，紧握定价权。

6.1.1 电商平台的三种经营模式

互联网电商平台有自营模式、平台抽佣模式和类自营的"全托管"模式三种主要经营模式，不同模式下价格管理方式不同。

自营模式：平台买断商品所有权，自采自销，通过买卖价差获利，平台负责商品履约和售后服务，部分商品可由品牌官方负责售后，具体看合作形式。原则上，商品所有权归平台，价格可自主决定，但实际上，平台采购人员通常会与产品型企业（尤其是热销产品企业）协商商品售价和价格促销安排。产品型企业价格管理对象是对平台的供货价。因平台自营模式下平台是采购方，与之合作的企业通常有一定规模，京东自营是其代表。

平台抽佣模式：平台从商品销售中提取一定比例佣金，作为提供"场地"和技术服务支持的费用。该模式下，商品货权归商家，履约和售后服务由商家负责，平台解决商家与消费者纠纷。平台通过价格规则引导商家行为，规则分两类：一是商家在平台售卖商品的底线规则，如禁止价格欺诈等法律法规要求的行为；二是激励性规则，如为提升购物体验和维持平台形象，鼓励售价低的商品获得更多推荐和展示机会。此模式下，产品型企业自主定价，任何个人和企业都可在平台注册开店，淘宝是代表。

"全托管"模式：也叫"类自营"模式，结合了自营模式与抽佣模式的核心特征。全托管模式下，货权属于商家，平台通过委托协议，授权完成履约到售后的服务（包括价格管理），通过赚取差价盈利。商家需将商品配送至平台指定仓库，再由平台配送给消费者。与自营模式相似，企业价格管理对象是对平台的供货价，不同的是，平台通常不与企业协商 C 端售价制定策略，完全按自身价格管理策略定价和变价。拼多多旗下的跨境电商平台 Temu 是典型代表。与自营模式相比，平台既享有权利又无须承担如库存压力等义务，所以弱品牌的工厂型产品企业和中小贸易型商家等有货源优势但缺乏销售运营能力的商家多选择此模式。目前，实施全托管模式的平台，如 Temu、速卖通、

Shopee、TikTok Shop 等，结算周期普遍在 15 天左右，比自营模式 30 ～ 60 天的账期短，降低了商家资金压力，这是其吸引力之一。

表 6.1 从平台盈利模式、货权归属、价格管理、商家类型及履约等方面对三种电商平台经营模式进行了对比。

表 6.1　电商平台经营模式对比

	自营模式	平台抽佣模式	"全托管"模式
盈利模式	商品买卖差价	从商品的销售中提取一定比 例的佣金	商品买卖差价
货权归属	平台	商家	商家
价格管理	① 销售价定价权：平台根据自身价格策略管理价格，但会与供应商沟通 ② 采购价定价权：产品型企业	① 销售价定价权：商家自主管理，平台通过竞争机制影响 ② 采购价定价权：商家自主管理	① 销售价定价权：商家授权平台统一进行管理 ② 采购价定价权：理论上为商家，但平台通过竞争机制影响
商家类型	产品型企业或其授权分销商	个人或企业都可在平台经营	中小工厂或商家
履约	平台负责	商家负责	商家将商品送至平台仓库，由平台履约配送至消费者
售后	平台负责或品牌厂商负责	主要由商家负责，但出现纠纷时，由平台介入处理	平台负责（商家承担成本）
代表平台	京东自营	淘宝	拼多多旗下Temu

选择自营和全托管经营模式的企业相当于放弃了面向 C 端消费者的定价权，仅作为平台供应商，通过管理对平台的供货价进行博弈。自营模式下，平台通常会与供应商协商销售价。

在平台抽佣模式下，产品型企业虽有定价权，但与自营和全托管模式类似，平台以规则建议形式影响商家行为，商家自主决定是否采纳。不同的是，自营和全托管模式下，平台引导和建议的是企业对平台的供货价，而平台抽佣模式下，引导对象是企业设定的 C 端售价。

具体而言，自营和全托管模式下，如果不是独家供应，平台依据商品价格分层体系给商家提供价格建议，商家采纳可获流量与资源支持，否则可能无法参与平台活动和享受扶持资源，影响经营。"价格力"规则是平台引导商家行为的重要手段，比如平台建议商家将商品价格从 100 元调为 95 元增强价格竞争力。若商家 A 价格 98 元，商家 B 价格 95 元，其他条件相似时，平台优先推广商家 B 的商品，商家为获流量支持多会按建议降价。

电商平台的价格管理规则分为经营效率提升规则与红线管理规则两类。价格竞争规则属于经营效率提升类规则，是平台倡导的行为准则；红线管理规则明确商家价格行为底线，包括虚标价格、以次充好等禁止行为。平台根据违规行为性质和严重程度制定分级处罚措施，商家如违反监管部门法律法规，平台将终止合作并协助调查。对于因疏忽或失误影响用户体验的价格行为，平台会视情况采取店铺查封、要求商家赔偿用户等惩罚措施。以价格保护政策为例，用户在特定时间内发现商品降价，平台会按规则要求商家补偿差价。商家规则中心是平台发布管理规则和制度的窗口，有助于研究平台价格管理策略。

总之，产品型企业选定与平台的合作模式后，对商品价格管理的影响方式和定价权基本明确，日常经营需按平台价格管理规则开展。

6.1.2　平台价格管理方式

互联网电商平台正从以低价竞争抢夺市场份额向差异化精细化管理提升利润过渡，虽各大平台对外宣称降低"低价"战略地位，价格竞争仍是主旋律，电商平台通过各种措施确保产品价格优势。

电商平台在与产品型企业争夺定价权，无论是 C 端售价还是企业对平台的供货价，也无论哪种经营模式，通过扩大供给激发商家主动竞争是主要价格管理方式。电商平台都在构建自己的平台竞争生态循环，亚马逊"增长飞轮"（图 6.1）对此有深刻影响，拼多多、美团等公司经营逻辑受其影响。

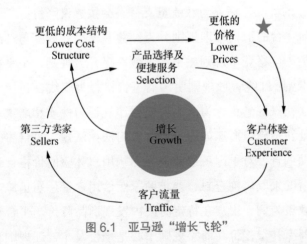

图 6.1　亚马逊"增长飞轮"

亚马逊的"增长飞轮"以更低价格为起点，通过提供高品质且价格亲民的产品提升客户体验，吸引大量客户流量。客户流量增加吸引更多第三方卖家入驻，丰富产品种类，提升服务便捷性，促进业务扩张和业绩增长。随着规模扩大和业绩提升，亚马逊优化成本结构，进一步降低运营成本，为持续提供低价产品奠定基础，形成价格与客户体验的正向互动。

在构建"增长飞轮"的过程中，技术发挥关键作用。贝索斯强调技术是亚马逊的核心，是实现无限选择和低价的基础。与传统零售商依赖地段不同，电商核心是技术。地段物理空间有限且成本上升，网络空间近乎无限，技术成本遵循摩尔定律下降。伴随技术成本降低，亚马逊利用计算能力和创新应用提升运营效率，改写客户体验规则，驱动业务增长。

因此，除规模效应优化成本结构外，技术升级提升运营效率也成为亚马逊业务增长的重要驱动力，这也是电商公司加大技术投入、转型为"科技公司"的原因。

在飞轮机制逻辑下，电商平台不遗余力扩大供给资源引入，降低开店门槛。

电商平台通过缩短采购环节压缩中间商利润，方式有三种：

一是直接与产品型企业或生鲜种植基地等源头合作，减少中间环节，降低采购成本，如零售商规模扩大后可从葡萄种植基地直接采购阳光玫瑰葡萄。

二是引入性价比高但品牌知名度低的白牌商品，其因无需大量品牌建设费用，有成本优势。我国多个产业集聚区为零售商提供丰富白牌商品资源，如广州的女装、化妆品和皮具，中山的灯具，佛山的小家电，等等，这是拼多多招商策略核心及保持价格竞争力的原因之一。

三是委托生产厂商代加工，推出零售商自有品牌商品，类似OEM 或 ODM 模式，零售商扮演产品型企业角色，自有品牌商品属白牌商品范畴。许多大型零售商积极开发自有品牌商品提高利润，如京东"京东京造"、天猫"喵满分"，线下的如沃尔玛旗下山姆会员店自有品牌商品数量占比约 40%，销售额占比近 35%，这里平台扮演产品型企业角色。

"白牌化"和"自有品牌化"本质都是通过增加低价供给抢夺产品型企业市场份额，但适用商品范围有别。

白牌与自有品牌商品多适用于消费者品牌意识淡薄的品类和商品，即商品功能、体验与情感三种价值类型中情感价值较弱的品类和商品。例如，日化家清领域的卫生纸、家用清洁剂，日常副食类的米面粮油、调味料等，消费者更看重功能价值，品牌知名度主要作为提升信任度的辅助因素。若电商平台有一定知名度，在白牌商品上标注平台商标，可增强消费者信任。

具体而言，像晾衣架、洗脸盆、拖鞋等日用小商品，更适合"白牌化"策略，直接引入工厂货源可增加市场供给，满足基本需求；而米面粮油、调味料等食品类商品，"自有品牌化"策略更合适，可依托平台口碑增强产品信任感。

"没有中间商赚差价"是白牌与自有品牌经营的核心。相比传统产品型企业商品流通模式，平台从产品型企业直接进货，商品采购成本仍含产品型企业品牌维护成本，如代言费、广告宣传费等。我国国内市场生产与制造能力强，电子商务和出口贸易发展使各地产业带和生产基地壮大，为电商平台控制成本和优化供应链创造了条件。拼多多、1688、淘工厂、京东京喜、京东京造、TikTok、SHEIN、Shopee 等综合类及垂直类电商平台，以及线下的名创优品等零售企业，都通过深耕白牌与自有品牌取得了阶段性成功。

一方面，平台通过有行业和品类经验的采购专家、买手，引入大量产业带品牌和制造工厂；另一方面，平台通过招商团队吸引独立卖家入驻，包括产业带白牌工厂和有供应链资源的中间贴牌个体或企业。总之，平台会积极推进招商工作，确保商品供给丰富。

除扩大白牌商品商家、降低开店门槛和发展自有品牌外，平台还通过价格竞争机制激发商家良性竞争，设计"货架"和流量竞争机制，引导上游供应商价格竞争，优质"货架"和大流量"坑位"成为供应商争夺对象，如电商平台推荐首页、"百亿补贴"频道展示页等，供应商需提供低价获取资源，促使其为清库存、回笼资金参与价格竞争。

为持续发挥竞争机制作用，平台会坚持两个基本动作：一是持续扩大招商规模，二是提供有吸引力的资源支持。只有供给丰富，才能形成竞争，资源支持是吸引商家入驻的关键，二者相辅相成，驱动平台发展，这是亚马逊"增长飞轮"的核心逻辑。

虽然电商平台激发商家竞争的机制相似，但不同平台在经营策略上存在差异，如不同经营模式适合的商家类型不同，背后体现了不同平台经营逻辑和主要用户群体。亚马逊、Shopee、京东、天猫等平台注重专利和品牌保护，是"价值领先"路线代表。Temu、SHEIN 以及国内的拼多多、抖音电商等平台更强调"成本领先"，突出低价和成本优势。

在注重原创和品牌保护的亚马逊及Shopee等平台，尽管存在同质化产品卷价格和仿制跟卖情况，但平台收到产品专利拥有者或授权方投诉，核实后，销售仿制品商家会受到严厉处罚，甚至惹上官司。近两年，亚马逊加强专利保护和打假，不少跟卖和仿制商家被罚。在这些平台经营的商家若想做强，需走"价值领先"路线。

有一定品牌效应和规模的产品型企业或商家，优先选择京东、天猫等自营模式平台，或在平台模式下开官方旗舰店。通常，只要企业经营策略与平台节奏配合，合理设计产品价差体系，仍能握紧定价权。2024年"618"期间，京东图书类目要求出版机构全品种图书价保20%～30%并参与促销活动，引发部分出版社联合抵制。由此，京东放弃全品类图书2～3折促销策略，出版商可自行决定参加活动的图书种类和打折力度，平台与品牌合作共赢仍是主旋律。京东大促对供应商让利要求体现了平台价格体系设计，后面会介绍。产品型企业要在了解平台经营策略和价格体系设计逻辑基础上，设计匹配的产品价格体系，实现长期互利共赢。

产品型企业要从长期产品定位出发，避免部分团队为短期结果破坏价格体系和与分销商的合作关系。比如知名品牌面对拼多多时的纠结，拼多多流量和用户多，但低价形象和要求可能破坏品牌分销价格体系和形象。2020年7月，拼多多及其合作商家宜买车汽车旗舰店推出"特斯拉中国model-3 2019款标准续航后驱升级版"万人团购活动，价格25.18万元，特斯拉官方声明未与宜买车或拼多多合作，未委托销售，也未向其销售车辆，出现"拒交门"事件，当时特斯拉官网该款车扣除补贴后价格27.155万元，类似情况还发生在拼多多与茅台、五粮液之间。

实际上，新兴销售渠道崛起时，产品型企业不能忽视，就像当年京东在家电行业引发争议一样。商家逐利，只要销售渠道和形式符合长期发展利益，就应拥抱变化。对于品牌和价格档次定位悬殊的产品，若要"既要也要"，需针对特定渠道推出特定价格档次定位的子品牌或经济型产品，避免扰乱价格体系，被短期增长反噬。

对于以"低价"为主要流量分发逻辑的拼多多系平台 Temu 和拼多多，低价是商家生存的基础，所以中小商家只能走"成本领先"路线，卷价格存活。

产品劣势决定定价权劣势，与平台合作需适应其经营逻辑，熟悉流量分发和促销活动报名规则。多数电商平台将同品比价的"价格力"作为流量分发因素，同类型产品且其他评价指标相同情况下，售价低的商品或店铺优先获平台流量扶持，比如款式相同且评分相近的杯子，平台优先展示和推荐 10 元的产品，而非 12 元的。差异化产品因同类型产品少，议价空间大，价格对平台展示和推荐影响较小。对中小商家来说，比价跟价是保持价格竞争力、获取流量的有效策略，但要注意设定价格调整区间，维护价格体系。在店铺经营中，价格像钩子吸引关注，但转化还需口碑、服务等配合。

部分强比价逻辑平台，如 Temu 和拼多多，平台通过低价算法识别到更低价格同品后，会通过商家后台向商家推送降价建议，并提示不降价可能导致"限流"等影响。此时，商家需将建议价格或成本与自身总成本对比，核算新价格下是否有利润空间，再决定是否跟价。日常经营中，关注平台同类产品价格，在成本可承受范围内调整价格，是获取更多流量的方式之一。

平台商家后台的规则中心很重要，商家若想在平台经营中取得进展，首先要研究并理解规则。图6.2是某电商平台商家学习中心有关价格力规则的介绍模块。

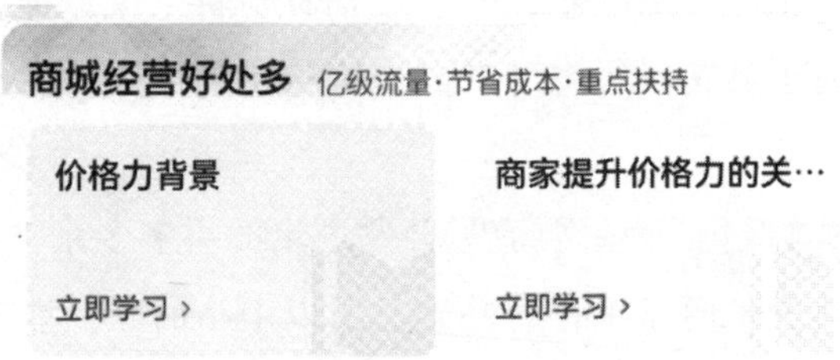

商城经营好处多 亿级流量·节省成本·重点扶持

价格力背景   商家提升价格力的关…

立即学习 ›   立即学习 ›

图 6.2　某电商平台价格力规则介绍模块

6.2　电商平台的价格体系

了解了平台的价格体系构造，就能从平台价格管理逻辑角度理解京东在"618"期间要求出版社让利的原因，并针对性地设计和调整企业产品价格体系。

本节重点介绍对产品型企业影响较大的不同产品价差体系和相同产品价差体系两部分。

6.2.1　产品分类分层下的不同产品价差体系

电商平台价格体系中，不同产品价差体系除高、中、低端价格定位外，主要通过商品分类和分层实现。

电商平台定价多采用竞争定价，核心是比价。以竞争对手售价为基础，基于消费者行为数据对商品分类与分层至关重要，再根据商品特性和价格投资额度确定比价范围和规则。

通常从价格管理角度，可按商品价格弹性（价格敏感性）、消费者购买频次及与竞争对手的可比性，将商品大致分为三类。

一是价格弹性高（高敏感）、复购率高且与竞对可比的商品。这类商品是平台塑造价格形象、吸引流量的关键，也是价格补贴资源投放重点，数量占比为 10% ~ 20%。平台对其普遍采用"天天低价"（Every Day Low Price，EDLP）策略，即价格要比主要竞争对手有优势。"天天低价"源于零售业巨头沃尔玛线下门店宣传语，是零售业价格管理经典策略。持续实施该策略需构建低成本运营结构，以保证商品价格长期低于竞品时仍能盈利，但全品类全年 365 天均低于竞品价格极难实现，所以"天天低价"策略主要针对部分消费者价格敏感度高且常购买的商品，在价格管理咨询领域，这类商品被称为"关键价值商品"（Key Value Items，KVI），是产品型企业与平台博弈的重点。

二是价格弹性中（中敏感）、复购率适中且与竞对可比或不可比的商品。这类商品数量占比为 60% ~ 70%，是平台销售额的主要来源。对其主要采用"高低价"策略，即通过主题促销活动的时间区隔价差形式实现阶段性低价，在促进销售增长的同时不过多损失毛利。针对这类商品，产品型企业与平台通过沟通和配合促销节奏解决问题，核心是不同电商平台在相近营销等级下，价格力度"一视同仁"。

三是价格弹性低（低敏感）商品。这类商品主要为平台贡献毛利，通常采用成本加成定价，数量占比为 10% ~ 20%。对于这类商品，产品型企业与平台经营目标一致，一般不会有价格分歧。

表 6.2 展示了这三类商品的特征及在经营中的作用。

具体商品的分类与分层受消费者行为和市场竞争环境影响而动态变化。例如，原本非竞争性商品经产品型企业推广被电商平台引入后，可能呈现出价格形象商品的特征，价格策略需相应调整以适应新市场定位和竞争格局。

表 6.2　电商平台商品价格分层与策略示意

	价格形象商品	动态竞争商品	非竞争性商品
指标特征	价格弹性高&高复购&竞对可比	价格弹性适中&复购率适中	价格弹性低&不可比
价格策略	天天低价	高低价（配合促销活动）	成本加成定价
商品数量占比	10%~20%	60%~70%	10%~20%
价格角色	引流、构建价格形象	贡献销售额	贡献毛利额

比价跟价是解决平台价格竞争力问题的直接方式，包括比价规则和竞争力衡量标准两个核心内容。

比价规则主要回答三个问题：一是跟谁比，即确定竞争对手；二是比什么，明确哪些品类及商品参与比价和跟价；三是怎么比，确定在什么范围、以什么频次和幅度进行比价和跟价。

竞争力衡量标准是判断平台价格是否有竞争力，主要通过前面多次提到的"价优幅度"与"价优占比"衡量。自营模式下，平台直接通过比价跟价竞争。抽佣和全托管模式下，同一商品有多个商家售卖，平台需定义哪个商品更具价格优势、应给予更多曝光机会，多数电商平台用"价格力"指标比较多个商品的相对价格优势，即通过两个价格的比值或差值大小衡量商品价格的相对优势，如商家 A 价格 100 元，商家 B 价格 98 元，商家 B 商品价格力更优。

平台如何确定哪些商品进行比价跟价呢？比价商品选择分四

　　价格力——用 1% 的力量撬动利润与规模双增长

个步骤。

第一步，**确定可比商品**，明确平台与主要竞对都售卖的商品和平台独有的商品，需用到 3C 分析中的"同品"判断，可比商品是比价商品数量上限。

第二步，对**全量商品分层**。依据商品的消费者行为数据，运用商品价格弹性、复购率、销售量以及交叉销售率（也可用"渗透率"指标替代，即购买目标商品的用户数占总购买用户数的比重）等关键指标实现。这些指标背后有不同用户行为逻辑：

● 商品价格弹性高低代表消费者对商品价格变动的敏感程度，是比价商品选择的核心基础指标；

● 商品复购率指标代表消费者购买频次，用于衡量商品是否为高频刚需类商品，围绕此类商品比价，消费者更易记忆和感知价格变化，从而形成和改变对平台的价格形象认知；

● 销售量代表需求量多少，其逻辑与复购率相似，购买频次高且购买量大的商品更利于构建消费者价格形象认知；

● 交叉销售率或渗透率指标是为防止比价商品成为"羊毛党"的收割对象，促进一揽子比价商品池产生并发挥连带销售促进作用，更好地发挥比价"钩子"商品的"光环效应"。

通常按统计周期内这些选品指标的数值大小或强弱划分为高、中、低三层，如按商品需求价格弹性系数高低将全量商品划分为高敏感、中敏感和低敏感三个层级，按商品复购率高低划分为高复购、中复购和低复购三个层级，销售量和交叉销售率的分层同理。

第三步，**可比商品排序**。从全量商品中筛选出可比商品，按消费者行为数据从高到低排序，确定比价优先级。

第四步，**确定比价商品**。在此步骤中，根据平台品类经营重点和价格投资额度确定比价商品数量，有两种策略：

其一，当平台价格投资资源有限且需兼顾不同品类发展需求时，可根据平台品类经营目标划分可比商品中不同品类的数量占比。例如，若预计每天最多可进行比价的商品数量为 200 个，需按不同品类当年或当月经营销售目标比例划分具体品类商品数量占比。假设某平台经营 A、B、C 三个品类，A、B、C 当月目标占比分别为 50%、30%、20%，则 200 个商品按 5∶3∶2 比例分配，即 A 品类 100 个、B 品类 60 个、C 品类 40 个。然后根据第三步和第四步的分层和排序结果，依次在 A、B、C 三个品类中选取指标靠前的 100、60 和 40 个商品，若有细分类目，可进一步按细分类目经营目标占比划分具体比价商品数量。

其二，若平台采取全面价格竞争策略，可比商品中四个选品指标均为"高"的商品全量纳入比价跟价范围。

以上四个步骤可概括为图 6.3 所示的比价商品选品流程，实际业务中，第一步和第二步顺序可不严格区分。

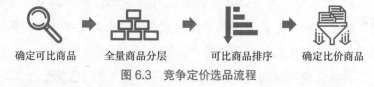

确定可比商品　　全量商品分层　　可比商品排序　　确定比价商品

图 6.3　竞争定价选品流程

从电商平台商品分类分层及比价商品选品的逻辑和流程步骤可知，参与平台价格竞争的产品首先要与竞对平台有可比性，即多平台同时售卖的商品。要避免平台间价格恶性竞争，产品型企业需管理好自身产品分销体系。正常情况下，平台也是以盈利为目的的企业，虽强调竞争，但也有利润指标。多数情况下，平台不会毫无理由地进行比价。同品价格竞争大多源于产品型企业分

　　价格力——用 1% 的力量撬动利润与规模双增长

销商的"乱价"或"窜货"行为，分销商为自身利益破坏企业价格体系，如前文所述，其根本原因是产品型企业在销售目标和激励政策设计上不合理。因此，杜绝乱价首先要产品型企业设计并管理好自己的产品价格体系。通常，产品型企业内部按销售渠道划分不同销售组织分别管理，大的层面分为线下与线上，线上会根据电商平台设置专门团队处理合作事宜。除整体产品价格体系管理外，企业内部不同电商平台销售部门还需加强协同配合，避免相互拆台。从公司整体经营目标出发进行价格体系设计和日常管理是价格管理部门的基本立场，处理不同销售渠道潜在利益冲突是成立价格管理部门的主要原因之一。针对不同平台相似营销等级，制定相同分销价格体系，从源头主动管理潜在冲突。

另外，对于用户高频刚需的平台价格心智商品，产品型企业可通过产品具体型号区隔，即开发不同平台特供款或联名款来实行差异化竞争，既满足特定平台价格心智构建需求，又兼顾整体产品价格体系，做法与"5.4.2 产品供给差异化"部分介绍的类似，这也是产品型企业价格管理的一个机会点。

6.2.2 空间、时间与身份区隔下的相同产品价差体系

电商平台相同产品价差体系主要由空间区隔价差（不同频道的价格规则与定位）、时间区隔价差（促销与非促销时间的价格差异）以及身份区隔价差（以会员与非会员区分为主的价格权益）三部分构成。

空间区隔价差

与产品型企业以物理空间作为分销渠道价差基础不同，电商平台的空间区隔价差主要以虚拟空间的"频道"或"会场"形式呈

现，即第 4 章提到的"广义空间区隔价差"，这是一种心理区隔。电商平台从"秒杀频道"发展到"百亿补贴频道""直播频道"等多种形式，虽频道名称随时间和平台变化，但核心是通过设立特定虚拟"频道"，集中展示比日常售价更优惠的商品，形成价格差异吸引消费者。任何经营模式下，在这些频道销售商品，定价须低于常规售价。一般平台会设定明确的进入门槛规则，要求商品价格低于日常售价一定比例（如 10% 或 20%），并通过系统自动校验价格合规性，满足降价门槛的商品才能进入频道。

　　商家想进入这些频道，是因为电商平台运营核心是流量。这些频道通常位于电商 App 醒目位置（图 6.4），是平台"黄金"频道，平台会为其输送流量并优先展示商品。

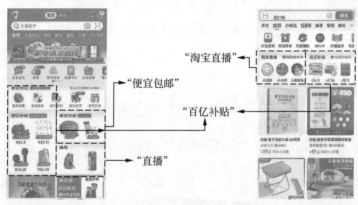

图 6.4　主流电商平台频道示例

　　在商品购买转化率稳定的前提下，流量增加会直接带动销售量提升，这是电商领域的流量转化逻辑，可用公式 6.1 概括。

$$销售额 = 流量 \times 转化率 \times 客单价$$

公式 6.1　流量转化逻辑公式

电商平台的空间区隔价差不仅有空间限定，还有时间限制，表现为对频道内商品低价销售时段的限定。多数电商平台采用"场次"划分招商，主要有两方面考虑：一是为更多商家和商品增加销量提供途径；二是优化和维护消费者购物体验。参与频道的商家需满足价格准入标准，普通商品难以长期承受降价成本压力，消费者也普遍接受在特定场域限时限量以折扣价购买商品的促销模式。

在产品型企业设计相同产品价格体系时，要将电商平台按频道区分的价格规则作为区隔条件纳入整体设计。例如，以日常无促销活动销售价格 100 元为基础，根据不同频道规则设置针对价格心智类频道的价格折扣力度，如常规价的七五折。

时间区隔价差与身份区隔价差

电商平台的时间区隔价差，即第 4 章所说的广义时间区隔价差，体现在节日或特定日期的促销价格与日常销售价格的差异。除"618""双十一"外，电商平台还会根据不同节气策划营销活动，不同活动有不同促销力度和价格。例如，某商品日常售价 100 元，"618""双十一"可能降至 70 元，"女神节""劳动节""中秋节"等活动可能降至 80 元，其他低等级促销活动可能降至 90 元。电商平台设计时间区隔价差的核心是将价格优惠幅度与营销活动分类分级挂钩，活动等级越高，价格优惠越明显（图 6.5），以满足不同消费者需求，增强营销活动效果。

值得注意的是，各平台可根据自身特色和优势，在常见购物节框架内策划有平台特点的营销活动，实现差异化营销。比如，以女性为主要消费群体的平台可将"女神节"设为 A 类促销活动，以儿童为主要消费群体的平台可将"儿童节"设为 A 级促销活动。

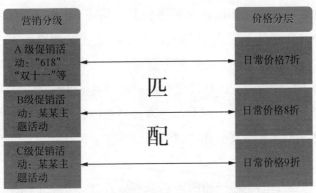

图 6.5 营销活动等级与价格力度关系示例

为增强消费者忠诚度和核心消费群体满意度，电商平台设计了会员体系，并建立基于会员身份的差异定价体系：一是对特定商品实行会员价，通常为原价或活动价的九五折；二是发放会员专属优惠券，满足条件可享受优惠；三是无门槛包邮，非会员需达到一定消费金额才免邮，会员可无限次享受无门槛包邮。此外，会员还有其他附加福利，如电商平台与其他企业联盟，会员可获得联盟企业优惠权益。通常，成为会员需支付一定费用（用于覆盖平台服务成本）并满足消费门槛。以阿里 88VIP 会员为例，"淘气值" 1000 分以上支付 88 元可享受一年会员服务，"淘气值" 未满 1000 分则需支付 888 元。"淘气值" 是阿里评估会员等级的综合指标，涵盖购物金额、诚信记录等多维度数据。通过设计有吸引力的会员权益提升用户购物体验、避免价格竞争，是平台可持续发展的有效措施，值得借鉴。

上文介绍了三种价差方式在电商平台的应用，那么它们是如何协同构成完整价格体系的呢？首先确定商品常规价格，再根据价差条件设计折扣力度。假设某商品以产品型企业建议零售价

价格力——用 1% 的力量撬动利润与规模双增长

100 元为常规价格，根据营销活动等级和频道价格定位确定折扣力度。一般日常价格频道折扣力度低于"大促"活动，如 A 级促销活动折扣 70%，B 级促销活动折扣 80%，日常价格频道折扣力度在 70% ～ 80%，会员价是活动价格的"折上折"，如 A 级活动 7 折基础上再降 2% ～ 5%，即 70%×(1-5%)=66.5%。图 6.6 为电商平台价格体系示例。

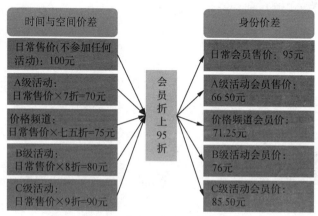

图 6.6 电商平台价格体系示例

综上所述，时间区隔价差通过促销活动体现，空间区隔价差通过不同频道展现，身份区隔价差通过会员体系实现。并非所有商品都参与平台活动，是否对会员"折上折"取决于平台与产品型企业的经营考虑。

价格心智频道和大促活动期间的流量是普通展示位及日常的十几倍甚至几十倍，即使访购率不变，交易量也会大幅增加。频道和大促是商家增加销售的重要机会，很多大品牌大促期间的销售占全年 50% 以上。在电商领域，公认的大促有年中"618"、年尾"双十一"和农历新年前的"年货节"。当品牌厂商年中销售进度不理想时，会在"618"调整价格刺激销售，"双十一"也是完成年度销售目标的机会窗口。产品型企业应利用平台促销活动节奏实现销售预期，通过合理定价、关注爆发系数来把握销售机遇，实现商业目标。

对于产品型企业而言，只有像第2章介绍的佳洁士牙膏价格体系设计案例那样，让自身产品价格体系和合作电商平台相匹配，才能实现互利共赢。

小结

在当前市场环境下，电商平台在产品价格博弈中占据优势，产品型企业掌握定价权成为关键问题。本章围绕这一核心，探讨了电商平台的经营模式、价格管理方式和价格体系，为产品型企业提供了应对策略。

在经营模式与价格管理方式方面，电商平台主要有自营、抽佣和全托管三种模式。自营模式下，平台买断商品所有权，虽可自主定价，但常与热销产品企业协商。产品型企业管理对平台供货价，京东自营是典型代表。抽佣模式中，平台抽取佣金，商家保留货权和自主定价权，但平台通过底线和激励规则引导商家C端售价，淘宝是代表。全托管模式结合了前两者特点，商家有货权，但平台按自身策略管理价格，多受弱品牌和中小商家青睐，Temu是典型案例。不同模式下，平台的价格管理规则分为经营效率提升和红线管理两类，前者倡导价格竞争，后者明确价格行为底线。

电商平台的价格管理方式正从低价竞争向差异化精细化管理转变，但价格竞争仍是重点。受亚马逊"增长飞轮"影响，平台通过扩大供给激发商家竞争。一方面，平台通过直接与源头合作、引入"白牌"商品和发展自有品牌等方式压缩中间商利润。例如，拼多多利用产业集聚区资源引入白牌商品保持价格竞争力，大型零售商通过自有品牌提高利润。这些策略适用于消费者品牌意识淡薄的商品。另一方面，平台利用价格竞争机制和流量资源引导商家竞争，通过"货架"和流量竞争机制促使供应商提供低价获取优质资源。不同平台因经营逻辑和用户群体差异，有"价值领先"和"成本领先"之分，产品型企业需据此选择合适平台和制定策略，同时要处理好与平台的关系，避免破坏自身价格体系。

电商平台的价格体系包括不同产品和相同产品价差体系。不同产品价差体系通过商品分类和分层实现，根据价格弹性、购买频次和与竞对可比性将商品分为三类：一是价格弹性高、复购率高且与竞对可比的商品，是平台塑造价格形象和吸引流量的关键，采用"天天低价"策略；二是价格弹性中、复购率适中的商品，是销售额主要来源，采用"高低价"策略；三是价格弹性低的商品，主要贡献毛利，采用成本加成定价。同时，介绍了比价跟价规则和商品选择步骤，强调产品型企业要管理好分销体系，防止乱价。相同产品价差体系由空间、时间和身份区隔价差构成，分别通过频道、促销活动和会员体系实现。产品型企业设计价格体系时要考虑这些因素，利用平台促销节奏和资源，实现销售目标和互利共赢。

总之，产品型企业要深入了解电商平台的经营模式、价格管理方式和价格体系，从长期产品定位出发，制定针对性策略，在与电商平台的合作中掌握定价权，实现可持续发展。

第 7 章

电商平台价格管理的
发展、挑战与走向

为助力产品型企业在与作为强势销售渠道的电商平台进行定价权博弈时抢占先机，上一章介绍了主流电商平台的价格管理方式、价格体系以及产品型企业可采取的应对之策。实际上，电商平台型企业也属于现代零售行业的关键构成部分，其自身价格管理目标与组织形式伴随行业发展始终处于动态的演变进程之中。

从全球视角来看，知名互联网电商平台大多创立于 20 世纪 90 年代末至 21 世纪 00 年代初，截至 2024 年，这些平台刚迈入"三十而立"的初期阶段。相较于产品型企业源远流长的价格管理实践历程，互联网电商平台的价格管理虽起步较迟，然而由于电商平台价格管理组织天然具备互联网行业基因，在创建伊始便极为注重技术应用，企图借助信息化、智能化手段攻克价格管理难题。在信息技术的强劲助力下，电商平台在定价技术应用领域的探索程度与发展水准远远超越线下零售行业，在数字化能力构建方面的表现尤为显著。

那么，电商平台的价格管理目标与组织究竟是怎样演进的？常见的电商平台价格管理职能又是怎样细分的？近年来备受瞩目的价格"卷王"拼多多究竟是怎样做到低价高利润的？电商平台价格管理模式的最终走向会是拼多多模式吗？

7.1 不同发展阶段的价格管理目标与组织设置

7.1.1 价格管理目标与组织演进

电商平台的价格管理职能最初多置于技术和产品部门，负责价格相关技术与系统开发的产品经理及产品运营人员，构成了电商平台第一代价格管理组织，尽管他们的岗位名称中并无明确的"价格管理"表述。

随着行业价格竞争加剧，电商平台意识到价格管理不仅是技术问题，还需融合策略规划、专业分析及规则流程建设等多维度手段来应对。于是，各大电商平台纷纷构建具备业务管理职能的价格管理团队以适应市场变化。电商平台作为零售渠道的重要部分，业务管理模式多按品类划分，价格管理组织也相应设置在商品管理部门。

从组织发展路径看，通常会经历从商品运营小中台向业务运营大中台的转变。"中台"是2021年流行的互联网术语，是互联网平台型企业为提高后台对前台需求的响应效率、沉淀业务经验和通用能力、避免重复建设及降低成本而设置的中间组织统称。不同互联网企业因业务模式不同，前、中、后台划分可能不同，中台划分也无统一标准。理论上，中台的核心是共享，任何可共享的组织职能都可中台化。以互联网电商平台为例，采购、销售、用户增长及客户服务等部门多属前台部门。即使是面向商家的商品采购部门，也可将全品类共性职能中台化，建立服务商品采购和运营的"小中台"，如商品运营的品类规划、价格管理及商家规则治理等都是"小中台"的核心职能。随着电商平台企业规模扩大，为提升中台支持能力、减少组织冗余，部分公司将各前台部门的小中台职能合并，设置服务整个平台的"大中台"，打造组件化、平台化、系统化的共享服务能力。互联网电商平台的中台部门通常分为业务中台、数据中台及技术中台。商品运营、商家运营及营销活动策划等职能属业务中台，其本身也可作为前台业务的一部分。数据中台通过对公司数据资产进行标准化管理，建立一致性、标准化、可复用及可共享的数据化管理能力。技术中台主要是对底层技术和算法能力的沉淀与统一管理。部分企业还会将数据中台与技术中台合并为数字中台，统一负责平台的数据资产管理、技术能力沉淀及对外赋能支持工作。尽管有观点将财务、行政、法务、企业公共关系及人力资源管理等部门职责归为管理中台，但行业普遍认为这些部门是电商平台的后台部门，其核心价值是为前台和中台部门提供支撑保障，促进公司业务发展。图 7.1 展示了互联网电商平台中前、中、后台的代表性部门及相互关系。

图 7.1　互联网电商平台公司前、中、后台示例

如图 7.2 所示，总体而言，电商平台的价格管理目标与产品型企业实践类似，也会经历三个演进阶段，但在组织汇报关系上具有自身特点，通常从产研部门到商品运营"小中台"，再到业务运营"大中台"。随着组织定位和汇报关系变化，价格管理部门的目标从负责价格管理产品工具能力建设，转向负责价格管理规则、商品价格竞争力及促销 ROI 等经营过程指标，最后进入对平台利润负责的成熟阶段。

按照价格管理目标演进的三个阶段划分，目前大多数互联网电商平台的价格管理处于从发展阶段向成熟阶段的过渡时期，通

　　　价格力——用 1% 的力量撬动利润与规模双增长

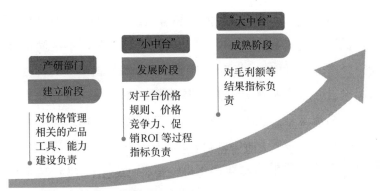

图 7.2　电商平台价格管理目标与组织汇报关系演进示意

过价格竞争抢占消费者钱包份额、建立平台价格形象仍是该阶段价格管理的首要目标。在存量市场环境下，如何在保持价格竞争力的同时实现整体盈利，是电商平台价格管理部门必须面对的问题。"利润""收益"等表述在电商平台价格管理岗位招聘的职责描述中也越来越常见。

　　总结来说，自然发展的电商平台价格管理组织，在组织目标与汇报关系上通常经历三个明显的发展阶段：初始阶段，产研部门负责价格管理产品功能开发；之后，各业务模块在内部管理"小中台"中设置价格管理岗位，负责价格竞争力等关键过程指标管控；最后，为增强价格体系协同效应，平台在"大中台"层面成立专门的价格管理部门，平衡商品价格竞争力与平台利润之间的协调发展关系，成为各大平台价格管理的关键能力。

　　2024 年，各大电商平台面临降本增效压力，不时传出"去中台化"的声音，部分人就此认为中台大势已去，对价格管理中台也持有同样的看法。互联网公司经历中台急速扩张阶段后，各公司中台部门出现了不同程度的臃肿情况。在存量经济环境下，将中台做薄以提升组织效率，属于正常组织调整，不能简单理解成完全"去中台化"。尤其对于连接需求端与供给端的价格管理职能而言，只有从平台视角整体规划，才能发挥最优效果，实现平台高质量增长这一最终目标。同时也要认识到，电商平台的价格管理虽然在组织中仍具有"大中台"的组织特性，但价格中台内部需要根据企业经营的品类和区域特性进行精细化分工，才能满足平台化的价格差异化管理需要，也就是要在接下来即将介绍的价格管理职能细分中，按照品类和区域再进一步细化分工。

7.1.2 价格管理职能细分

互联网电商平台的技术优势与平台特性，使其价格管理职能比产品型企业划分得更精细，按发展先后顺序可细分为比价跟价、促销、定价、价格体验、价格风控五个模块，如图7.3所示。

	比价跟价	促销	定价	价格体验	价格风控
指标	价优幅度、价优占比等	促销ROI	平台收益、竞争力等	价格NPS	风险损失处罚金额等
主要内容	比价规则、竞争力衡量标准	促销力度和形式、促销的前台导购表达	根据商品分层的定价规则	平台商品价格竞争力、价格稳定性、促销复杂度	预防平台和消费者损失、杜绝价格违法违规行为

图 7.3　电商平台价格管理职能细分模块示例

比价跟价的两个核心组成部分——比价规则与竞争力衡量标准的具体内容我们在"6.2.1　产品分类分层下的不同产品价差体

系"中进行了介绍；以价格 NPS 为主要衡量标准的**价格体验**相关内容也在"4.2　供给质量管理"的相关内容中进行了详细介绍，关于这两部分的内容，这里不再赘述。

促销主要指价格类促销，用促销 ROI 衡量效果。不同形式的促销活动因目标不同，衡量促销效果 ROI 中的"R"（return，回报）也不同。比如，以促进销售额增长为目标的促销活动，"R"是销售额；以促进销售量增长为目标的促销活动，"R"是销售量；以促进平台新用户增长为目标的促销活动，"R"是新用户。为实现不同促销目标，可从两方面研究和优化：一是促销的力度和形式设计，二是促销的前台导购表达。促销力度指促销最终折算成价格后让利的多少，如日常售价 100 元的商品，满 2 件打 7 折，相当于单件商品价格降低 30%。常见促销形式有"满 N 元减 M 元""满 N 件 M 折"及在此基础上的各种变形，促销力度受促销可用资源限制，促销形式选择取决于促销活动目标。促销的前台导购表达是指一个或多个促销活动与目标消费者的沟通方式，比如如何将促销活动关键信息准确、高效地传递给电商平台用户，在提升购物体验的同时缩短其购买决策流程。

定价。严格来说，作为销售渠道的电商平台并非直接对商品定价，而是在品牌厂商价格建议基础上，根据平台价格管理策略进行价格调整。但随着电商平台在与品牌厂商的价格博弈中占据优势，其对商品售价的影响越来越大，如"全托管"模式下，商家授权平台定价。由于电商平台商品众多且竞争激烈，定价方法竞争定价为主、成本加成定价为辅，较少采用价值定价。电商平台竞争定价的具体做法，可查看"6.2.1　产品分类分层下的不同产品价差体系"的有关内容；而成本加成定价以及价值定价的具体方法，可以回顾第 3 章对应的内容。

价格风控主要包括两方面内容：一是通过规则和技术手段预防平台和消费者因非正常交易行为导致资金损失；二是确保平台与商家各项价格管理措施合法合规。例如，利用技术手段预防"羊毛党"的非正常交易活动，通过制定平台价格管理规则规范和引导商家的价格经营行为。

除了前面提及的电商平台价格管理职能的四个常见细分模块外，部分平台正探索借鉴网约车等服务交易型电商平台的做法，以补贴为手段，依据对交易中供需两端状态的把握，从交易撮合层面，给供给端商家或需求端用户进行动态补贴，这属于我们在第 1 章介绍的广义价格策略内容。比如，商品供不应求或缺乏吸引力时，企业可提高采购价、发放补贴来激励供给方。补贴本质上属于促销范畴，旨在实现短期或长期销售增长的最大化。虽说从供需两端交易撮合角度看待促销，为实物类电商平台的促销应用探索开拓了新视角，不过适用于网约车等服务类电商平台的动态补贴调节策略，要在实物类电商平台实际应用落地，还得摸索具体形式，平衡好短期交易增长、长期价格体验以及监管红线之间的关系。

总体来说，在推进价格管理细分职能具体实施过程中，通常会按照平台发展阶段的需求，循序渐进地开展组织和能力建设。

7.2　拼多多的低价高利润之谜

我们时常会在社交媒体上看到诸如拼多多 9.9 元抢到一部苹果手机、9.9 元抢到一辆电动自行车或者是品牌笔记本电脑之类的信息（图 7.4），时不时也会在微信消息中收到亲朋好友"狂热地"发来"砍一刀"或者是拼团的邀请，虽说会感到被打扰，但当看到那低得惊人的价格时，还是会不由自主地产生购买的欲望。虽说 9.9 元的苹果手机这类特惠商品搞限量限时抢购，主要是为了"引流"打广告，可从拼多多上商品的整体价格来看，想必大部分人都会有这样的疑惑：拼多多售卖的商品价格如此之低，它赚钱吗？

图 7.4　拼多多 9.9 元的刺激

一边是低到令人觉得不可思议的价格，另一边则是拼多多连续多期财报中让无数同行公司羡慕不已的亮眼业绩表现。就以 2024 年第二季度来说，拼多多总营收达到 970.595 亿元，和去年同期相比实现了 86% 的增长，其中交易服务板块，也就是商品买卖佣金这一部分的营收为 479.437 亿元，与 2023 年同期相比大幅增长了 234%。按照美国通用会计准则计算，拼多多整体归属于普通股股东的净利润高达 320.094 亿元，同比增长 144%。尽管在财报中没有分别列出在线营销服务与交易服务两部分的净利润表现情况，但交易服务板块的高速增长对拼多多整体利润的增长起到了至关重要的推动作用。

接下来，我们就来探讨一下，最近几年大家热议的价格"卷王"拼多多究竟是如何通过体系化价格管理实现规模与利润双增长的。

7.2.1 从亚马逊"增长飞轮"到拼多多"低价螺旋"

拼多多在价格战略选择上奉行"薄利多销",采用通过加快库存周转实现规模化盈利的成本领先战略。高周转配合最快 T+3 的回款周期,极大地减轻了商家在拼多多经营的资金压力和库存成本,为商家在平台供给低价商品提供了原始动力。如前所述,拼多多在亚马逊"增长飞轮"(更低价格—更多用户—更多商家—更低成本)的基础上,在公司组织内部引入"赛马机制"带动内部竞争。在组织人员招聘方面,拼多多以远高于市场同类型岗位的薪酬吸引人才。据有关报道,拼多多员工平均月薪超30000元,高出行业均值1.6倍。应届毕业生能拿到比腾讯、阿里巴巴高30%的薪资,有工作经验的员工,普遍薪资水平高出业内30%～50%。与之相匹配的是拼多多高得惊人的"人效"。以拼多多2023年全年财报为例,如表7.1所示,17403名员工共创造了2746亿元的收入,人均创收1423万元,换算成净利润人均贡献345万元。拼多多的人效远高于阿里与腾讯。

表 7.1　2023 年拼多多经营表现及人效

公司	员工数（人）	收入总额（百万元）	毛利额（百万元）	净利润（百万元）	人均收入（万元）	人均毛利（万元）
拼多多	17403	247640	155920	60027	1423	896
阿里巴巴	约210000	868687	147677	65573	414	70
腾讯	约104500	609000	292320	157688	583	280

在商家"自卷"与组织"内卷"的双涡轮增压设计下,拼

多多以低价为主引擎、主动力，驱动自身高速向前发展。这一亚马逊"增长飞轮"的升级版，一度被媒体称为拼多多"低价螺旋"。

拼多多的"低价螺旋"在需求端有"砍一刀"以及拼团购等社交裂变营销方式不断吸引用户、拉动需求增长，在供给端则通过供给成本管理策略为低价提供推力持续向前，如图7.5所示。

图 7.5　拼多多供给与需求"双涡轮"增压

价格管理的尽头是站在完整供应链角度的供给成本管理。企业要持续健康发展，供需两端两手都要抓且两手都要硬。按照第1章中介绍的从"开始买"到"买更多"再到"买更贵"的三个阶段来看，拼多多在发展过程中，不同阶段在供需两端实行了不同的策略打法。

"开始买"阶段：拼多多成立于2015年9月，但在使用"拼多多"之前，其最早的项目从"拼好货"的水果拼团项目起步。2015年3月封测，4月正式上线，同年6月"拼好货"做荔枝拼团，第一天就涌进20万单。"拼好货"阶段的拼多多，通过非标品中的生鲜品类拼团集单，在确定需求数量后，由水果供应商集中发货，"以量换价"去中心化，如今堪称社交裂变营销经典模式的拼多多"砍一刀"营销玩法，最早也始于"拼好货"时期。"砍一刀"活动利用用户社交关系传播推广，用户可邀请朋友帮忙砍价，以更低价格甚至免费获得商品。2016 年 9 月，"拼好货"与拼多多合并，"拼好货"成为拼多多的自营业务子频道。随后，拼多多以相同方式将品类从生鲜逐步扩展到同样属于高频刚需的食品品类，并几乎同时拓展其他诸如家居用品、服饰、美妆等多个类目的商品。至此，拼多多以拼团集单获取海量订单，"以量换价"，将"低价"作为钩子并配合拼团"砍一刀"等社交裂变玩法，完成了海量用户积累与用户"低价"心智的建立，完成了"开始买"阶段的积累。

"买更多"阶段：随着拼多多经营品类持续扩大和丰富，用户除能买到高频刚需的生鲜和食品外，还能买到日化类商品。商品丰富度增加，给了用户更多选择。在这个阶段，拼多多通过从产业带引入白牌商品，鼓励有制造能力的工厂或有工厂资源的商家为其供货，实现"没有中间商赚差价"，进一步压低成本，为低价策略提供源源不断的低成本供给。海量用户为快速销售商品提供了基础，快速周转及回款相结合，不断吸引源头制造工厂以及大型商家进入，平台又以低价作为流量和订单分配规则的基础，以规则激发商家间进行价格互卷，更低价格获取更多订单。

"买更贵"阶段：早期的拼多多主要售卖非标品中的生鲜、食品以及标品中的日化白牌商品，这些品类品牌性不强。为提升件单价，拼多多于 2018 年左右开始扩大电子类产品的招商和售卖，并于 2019 年 "618" 前夕上线了"百亿补贴"计划，这是电商营销玩法上的又一经典案例，针对品牌商家进行大额补贴，其中 3C 数码产品是重点补贴品类之一。在百亿补贴推出的第一天，拼多多仅苹果系列电子产品就卖出 2.5 亿元。这一阶段的拼多多所售卖的品牌商品，很少直接由品牌官方供货。大部分品牌货源要么是通过线下市场收购的品牌商品尾货，要么是经销商违反品牌方渠道销售政策违规销售的窜货。以苹果手机为例，拼多多的采购团队在深圳华强北这样的线下电子产品集散市场以现金形式在全国收购苹果手机，投入平台补贴销售后，很快让对拼多多抱有观望态度的苹果官方或非官方分销商见识了其惊人的销售速度以及高效的回款能力。由此，苹果的经销商们纷纷通过各种方式给拼多多供货，加速回款。加上拼多多的官方补贴，用户通过拼多多渠道购买的苹果手机比市面上其他渠道便宜 500～1000 元，拼多多平台也逐渐出现了如电动车、打印机，甚至特斯拉等高单价品牌商品。

7.2.2　中小卖家的"鲶鱼"作用

鲶鱼效应是指在一个相对稳定的群体环境中，引入具有竞争、活力等刺激因素（如鲶鱼般的个体或机制），从而激发群体成员的积极性，打破沉闷状态，提升整体活力和效率的现象。

拼多多除通过招商和采购团队不断引入大中型商家和供给资源，并通过平台规则激发商家间互卷外，还采取低门槛开店入驻策略，吸引和扩大中小卖家甚至个人进入。总之，通过一切方式，尽可能地扩大商品供给来源。前面提到，无限的供给才能卷得起来。在当前就业形势和高涨的万众创业情绪下，大量中小商家以及个人涌入拼多多，成为进一步加速平台商家间内卷的"鲶鱼"。只要你搜索或点击过在拼多多或者 Temu 开店和经营相关的内容，社交媒体就会不断给你推送各种关于如何快速"起店"的经验和绝招，其中，相较于需要货源优势且考验选品能力的"精品"模式，海量铺货"测品"不断上新是门槛最低的一种形式。这种形式下，在测试和发现爆品的过程中通常需要以低价进行引流，总之，在起步和找到爆品前期的销售不是以短期盈利为目的的。由于中小商家及个人没有差异化的供给能力，大多数小店在"起店"阶段销售的往往是高度同质化的商品，也就是前面提到的"同品"。不以盈利为目的的同品销售，在平台内部比价过程中就起到了"鲶鱼"作用，同样的商品，只要有更低价格的商品进入，平台就会要求原来价格较高的商家降价以保障流量。中小商家可能自己都没有意识到，自己在这样的循环往复下发挥了"鲶鱼效应"，维持了平台的活力。

7.3　电商平台价格管理的最终走向是拼多多模式吗？

在拼多多的发展过程中，坚持以"低价"为主要策略，通过内外部策略，对供需两端进行同步调整，利用规则，激发并保持平台的活力，实现了飞速发展。2023年12月1日，截至美股当日收盘，拼多多美股市值以1959亿美元压过了阿里的1907亿美元，成为美股中市值最高的中概股。

那么，电商平台价格管理的最终走向是拼多多模式吗？拼多多增长的背后，又面临哪些压力呢？

7.3.1　拼多多增长背后的压力

"仅退款"背后的供给质量压力

随着市场影响力的扩大，供给质量问题成为拼多多千里之堤下的"蚁穴"，若处理不善，随时可能溃坝。在拼多多低价供给资源之下，暗含着黑色和灰色产业链等假冒伪劣产品对拼多多的负面影响。根据前面提到的Chnbrand（中企品研）2024年1月发布的《2024年中国顾客推荐度指数（C-NPS）》，拼多多在综合性电商平

台推荐度排名中以 -10.8 的分值排名倒数第一。

实际上，拼多多早在 2021 年就在电商行业内开创性地推出了"仅退款"模式，以提升消费者的购物体验和平台的竞争力，最先应用于生鲜品类，后来拓展到全品类。到 2023 年底，"仅退款"几乎已成为电商行业的标配。但从拼多多持续表现堪忧的 NPS 得分来看，"仅退款"并未帮其扭转低价低质问题对用户购物体验的影响。拼多多实行的是平台模式，大部分商品由商家自行履约，据调研了解，即使是需要入库质检的业务和品类，拼多多的质检要求也低于其他平台。质检多采用抽检模式，抽检模式下都可能出现质量问题，更何况完全依赖商家自觉的方式。

拼多多实行"仅退款"的背后，虽站在用户角度提升了体验，但变相将压力转移给了商家，通过仅退款叠加高品退罚款的方式提升商家违约成本，以重罚形式约束商家违规行为。从市场竞争规则设计来说，拼多多是高明的，甚至是科学的，但即使在市场经济下，电商平台也需要在追求价格竞争力、降本增效和业务增长的同时，平衡商品质量、消费者体验与商家收益。给商家的压力过大，势必引发反弹。

"双涡轮增压"背后挣扎的商家

商家的反弹率先在拼多多旗下跨境电商平台 Temu 爆发。2024 年 7 月 29 日，Temu 在广州的总部发生了商家围堵事件。这一事件的导火索是拼多多跨境电商平台 Temu 在 7 月 23 日推出的新罚款机制。

新机制实施后，短时间内就有大量商家遭受重创。多达 279 家商户因违规被处以高额罚款，累计金额竟达 1.14 亿元，同时售后扣罚及预留款项涉及 407 家商户，总计 1.38 亿元。这些罚款对于众多中小商家而言，无疑是沉重的负担，许多商家因此陷入资金困境，连员工工资都难以发放，正常经营难以为继。

该处罚机制虽然旨在提升商品质量与规范平台秩序，然而其实施过程却引发了商家的强烈不满。一方面，罚款金额巨大，不少商家认为处罚尺度过于严苛；另一方面，机制实施太过仓促，未给商家足够的适应时间。而且，在判定违规时，存在因商家一时疏忽或不可抗力因素导致违规却仍被"一刀切"重罚的情况。

此外，拼多多国内版及海外版 Temu 一直推行的仅退款政策也在此次事件中起到了推波助澜的作用。在这一政策下，消费者若不满意收到的产品，可仅退款不退货。这使得商家不仅要承担商品本身的成本以及快递物流费用，还可能面临平台 2～5 倍的罚款。如此一来，一件仅退款的商品往往需要靠多件商品的利润才能弥补损失，商家的经营成本和风险大幅增加，对平台的积怨也就日益加深，最终导致了此次围堵总部事件的发生。

该事件充分表明，拼多多企图借助罚款来提升商家违规成本，以此解决因极致低价策略引发的商品质量问题的方式太过简单生硬。同时也从侧面反映出片面追逐低价，无论是对用户还是商家，均会产生损害。

显然，单纯依靠"双涡轮增压"式的价格管理策略，难以支撑拼多多实现健康、可持续的增长。拼多多所采用的这种"双涡轮增压"价格管理方式，也并非能够不加区分、一概而论地适用于所有电商平台。

7.3.2　电商平台价格管理的走向

各大电商平台在相继高呼拼多多式"全网最低价"后，纷纷

"拨乱反正"，进行了反思与调整，拼多多自身亦不例外。

在商家围堵 Temu 总部以及全网指责拼多多压榨商家等事件发生后，拼多多于2024年三季度密集推出多项举措，涉及100亿元人民币的费用减免计划以及高质量商家支持计划。其具体措施涵盖服务费退款、"先买后付"服务费用减免、保证金降低以及提现流程简化等。针对饱受争议的"仅退款"政策，拼多多升级商家售后服务体系，设立绿色通道与专属售后团队，专门处理异常订单、投诉以及客户满意度问题，一旦商家申诉成功，平台便补偿相关订单，以此改善商家体验与平台营商环境。

淘天在高呼"全网最低价"满一年之际，以2024年"双十一"为契机，对价格策略进行了调整。起初几乎所有业务皆围绕"价格力"展开，百亿补贴商品承诺"买贵必赔"，而后明确将仅退款政策、退货运费成本高、内卷低价定义为"行业三大顽疾"，并宣称要优化营商环境，通过放宽仅退款限制、升级运费险、重塑价格带竞争力来解决这些问题。2024年11月，阿里巴巴宣布全面整合淘宝天猫集团、国际数字商业集团以及1688、闲鱼等电商业务，组建新的阿里电商事业群，构建起覆盖国内外全产业链的业务集群。对内，借助整合达成资源优化配置，提升协同效率，削减运营成本；对外，有效应对拼多多等电商平台的崛起，充分发挥各业务板块优势，提升用户体验，吸引更多消费者与商家，稳固其在电商领域的市场地位。

2024年大力推行低价战略的抖音电商，将"价格力"（低价）列为首要任务，中小及白牌商家成为其重点扶持对象。然而，过度聚焦中小、白牌商家导致品牌大商家流量下滑，且前者的广告预算与低价带来的 GMV 增长均不及品牌商家。显著的结果便是抖音电商 GMV 增长大幅放缓，一季度增速尚在 50% 以上，二季度已降至 30% 以下。据媒体 36 氪未来消费报道，三季度抖音摒弃绝对低价策略，使商品回归正常售价，同时将资源重心转向品牌商家与非品牌大商家，预计 2025 年将进一步提升倾向品牌的流量，以保障品牌获取更大的 GMV 规模。

各大电商平台对"价格力"的认知愈发理性，从盲目追随拼多多，逐步转向注重自身平台特性的策略规划，探索兼顾价格竞争力、用户体验、平台发展与商家利益的多元价格管理模式。而弱化"低价"并非意味着平台放弃价格竞争优势，正如阿里巴巴集团副总裁、淘宝平台事业部总裁谌伟业所言："不是不卷低价了，而是不卷纯粹的低价。"

持续在具备竞争力的成本结构下，为不同需求层次的用户提供契合其需求且具备价格竞争力的商品与服务，才是电商平台价格管理的终极追求，这一理念同样适用于产品型企业。

小结

在当今电商行业的激烈竞争中，电商平台价格管理扮演着至关重要的角色。本章探讨了电商平台价格管理的多方面内容，包括其目标与组织的演进、职能细分，以及拼多多这一典型案例及其对整个行业走向的影响。

电商平台价格管理目标与组织随着行业发展而不断演变。早期，价格管理职能多在技术和产品部门，随着竞争加剧，逐步构建起业务管理职能的团队，组织设置从商品运营"小中台"向业务运营"大中台"转变。这一过程中，尽管经历了"去中台化"的讨论，但其实质是在存量经济下的正常组织优化，对于价格管理职能而言，仍需从平台整体规划，且在"大中台"内部依据品类和区域进行精细化分工，以实现平台的高质量增长并平衡价格竞争力与利润的关系。

其职能细分涵盖比价跟价、促销、定价、价格体验、价格风控等模块。比价跟价规则与竞争力衡量指标有其特定体系；促销以促销 ROI 为衡量，涉及力度、形式设计与前台导购表达；定价在电商平台多基于品牌厂商价格建议调整，以竞争定价为主；价格风控重在预防资金损失与确保合规；部分平台还探索补贴等广义价格策略，但需平衡多方关系。在推进这些职能实施时，需根据平台发展阶段循序渐进开展组织与能力建设。

拼多多堪称电商行业的价格"卷王"，以"薄利多销"为战略，采用成本领先模式，通过"低价螺旋"实现规模与利润双增长。在需求端，凭借"砍一刀"和拼团购等社交裂变营销吸引用户；供给端则通过供给成本管理，从"开始买"的拼团集单积累用户与建立低价心智，到"买更多"引入白牌商品压低成本，再到"买更贵"拓展品牌商品并借助补贴提升件单价。同时，拼多多利用中小卖家的"鲶鱼效应"，通过低门槛开店策略引入大量中小商家，加速平台商家内卷，维持平台活力。

然而，拼多多在增长背后也面临压力。"仅退款"政策虽旨在提升用户体验，却因质检要求较低等因素未能有效解决低价低质问题，还因变相将压力转嫁给商家引发反弹。这表明单纯"双涡轮增压"式价格管理难以支撑其健康可持续增长，且事实证明该模式并非普遍适用于所有平台。

各大电商平台在经历拼多多式"低价"热潮后纷纷调整。拼多多自身推出费用减免和商家支持计划，改善营商环境；淘天调整价格策略，优化仅退款等政策并整合业务成立新事业群；抖音电商则在经历低价战略的 GMV 增速放缓后，放弃绝对低价，将资源重心转回品牌商家。可见，电商平台对"价格力"的认知趋于成熟，不再盲目追随低价，而是探索兼顾多方面利益的多元价格管理模式，致力于在有竞争力的成本结构下，为不同层次用户提供适配的商品与服务，这也将是电商平台价格管理持续发展的方向所在，产品型企业同样可从中汲取经验，在和电商平台的博弈与合作中找准定位，实现长远发展。

后记

关于价格管理的"人"

本书围绕开篇的七个核心问题展开，系统阐释了如何实现价格管理体系化落地，助力企业规模与利润双增长。先从搭建企业价格管理体系入手，明确价值领先或成本领先战略方向，设定分阶段目标，制定灵活策略，并通过日常运营和复盘构建稳定且适应市场变化的体系。

在产品价格体系设计上，从识别市场需求多样性出发，对客户需求和产品服务分类分层，运用合适定价方法与价格围栏，在保障企业盈利的同时提升用户体验。

给产品定价需综合考量成本、客户和竞争维度，结合成本加成、客户价值、竞争定价等方法以及市场类型与产品成本确定合理价格。

从供应链视角来看，企业需兼顾成本控制与价格管理。特别是当需求端的售价管理面临困境时，更要从供应链角度加强供给成本管理。在不同的市场供需状况下，企业应相应地调整采购成本策略，在此过程中平衡好质量与消费者体验，以达成可持续发展。

对于产品型企业，从建立到成熟阶段要持续完善价格管理体系，抓住线上化转型和产品差异化机遇，在企业一把手支持下实现长期发展和利润增长。

产品型企业若想在与强势销售渠道（尤其是电商平台）的价格博弈中掌握定价权，需深入了解电商平台的经营模式、价格管理方式和价格体系，从长期产品定位出发制定策略，从而在合作中掌握定价权，实现可持续发展。

希望本书内容能助力读者在价格管理上更进一步。

人才是业务持续发展的基础，组织是人才协作的平台。在尚处发展早期的企业，由于其产品体系相对简单，价格管理的职责多由产品经理或者财务人员担任。

近年来，因经济环境变化，价格竞争力成企业关注焦点，许多企业设立价格管理部门，加大投入培养价格管理人才梯队。这给从业者带来机遇与挑战。机遇是价格管理职能在企业内影响力提升，企业提供更多资源支持从业者发展。挑战是价格竞争激烈，过度追求低价可能损害产品质量和消费者体验，加剧零售商与产品型企业矛盾。

在价格管理领域，人才是推动理论与实践发展的核心，负责规划价格管理战略和策略并确保执行，助力企业达成目标。价格管理组织是人才汇聚的摇篮，为其工作提供平台和保障。

职能角色与从业人员要求

按职能分工，价格管理工作分为策略规划、运营支持、产品设计三种角色。

策略规划角色通常由价格管理组织负责人和核心成员担任，需经验丰富、能力强，能综合内外部因素为企业价格管理战略提供建议，用科学专业方法构建价格管理体系、策略框架和日常运营流程机制。

运营支持角色负责具体措施落地执行，其工作内容等可参考相关章节。该角色因工作特点要求从业人员有专业知识或经验背景。以"3C"分析为例，运营人员需充分理解成本、客户、竞争，特别是成本分析要熟练掌握类型划分、指标定义、计算和评估方法，保证分析准确有效。

产品设计角色是价格管理相关功能、工具或产品的产品经理，主要推动价格管理策略和运营支持工具线上化、智能化，确保策略和规则通过功能和产品工具有效实施。在产品型企业和传统线下零售商中，虽对产品工具依赖较低，但随着市场变化，对价格管理信息化建设需求增加，越来越多企业设产品经理岗位推动数字化转型。

价格管理工作具有跨经验背景和跨学科专业的综合性，由于复合型人才稀缺，企业需构建多元化背景团队，促进成员相互学习、优势互补，打造高效团队。

根据 2024 年 4 月 47 个产品型企业（19 个）与零售商（28 个）价格管理岗位招聘需求，我从"工作年限""专业背景""经验背景""能力期望""工作技能"五个维度梳理了对价格管理岗位人员的要求。

工作年限：产品型企业对工作年限要求多样，如表 1 所示，19 个企业中，5 家（26%）无工作年限门槛，4 家（21%）要求 3 年以上，5 家（26%）要求 5 年以上，4 家（21%）要求 8 年以上，1 家（5%）要求 10 年以上，3 年以上工作经验是社会招聘基本门槛。零售商 28 个岗位中，超四成（43%）无工作年限要求，1 家（4%）要求 2 年以上，9 家（32%）要求 3 年以上，5 家（18%）要求 5 年以上，1 家（4%）要求 8 年以上，无 10 年以上要求。这表明零售商价格管理岗位需求大且对工作年限要求宽松，近半岗位无明确门槛，反映零售行业价格管理人才稀缺，为补人力缺口放宽要求。

表 1　产品型企业与零售商价格管理岗位工作年限要求示例

工作年限要求	产品型企业	占比	零售商	占比
未提及	5	26%	12	43%
2年+	–	–	1	4%
3年+	4	21%	9	32%
5年+	5	26%	5	18%
8年+	4	21%	1	4%
10年+	1	5%		–

专业背景：价格管理工作常涉及数字，产品型企业和零售商都有明确专业背景需求，因大学无"价格管理"专业，统计、金融、数学、计算机科学、经济学、工程学、市场营销等相关专业背景都符合要求。企业评估有工作经验候选人会综合考虑工作年限和经验背景，校园招聘主要依据专业背景筛选，社会招聘也有专业背景要求。

经验背景：指价格管理人员过往工作履历要求。理想情况下，企业优先招有直接价格管理经验的候选人，但因国内该领域发展较晚、专业人才有限，企业放宽直接经验的要求，从经营管理、商业分析、采购销售、数据分析、项目管理、市场营销等与价格管理紧密相关的岗位经验中筛选候选人。

能力期望：即"soft skill"，包括逻辑性、沟通能力、团队协作和抗压能力等综合要求，价格管理岗位尤其注重逻辑思考和沟通能力，与具备这些能力的人合作可提高效率、达成目标。

工作技能： 价格管理工作与数据密切相关，熟练掌握 Excel、Power BI、Tableau、SQL、Python、SPSS 等数据分析工具是必备技能。在互联网时代，主动学习掌握数据分析工具可提高效率，在某些情况下比专业和经验背景更具竞争优势。

社会招聘价格管理岗位主要评估"专业背景""经验背景""工作技能"，"工作年限"虽作筛选条件但因人才稀缺会放宽，"能力期望"在面试中难精确量化，更多作为筛选自信坚韧候选人的策略，而非硬性门槛。校园招聘主要考量"专业背景""工作技能"，有相关实习经历可加分，大学生可利用假期实习提前熟悉职场。

"价格人"如何提升专业能力

对于应届毕业生和中途转行的价格管理从业者，可从三方面提升专业能力。

首先，从价格运营岗位起步，承担日常价格运营职责，按"模仿、吸收、沉淀"步骤成长。初期模仿前辈操作，边做边思考，积累经验后形成自己的方法。以产品型企业日常调价审批为例，这是锻炼"3C"分析能力、积累实战经验、提炼应对策略的途径，遇到难题请教前辈，学习其处理问题的智慧和逻辑，形成自己的方法。只有处理各类问题，才能洞察产品、客户和行业本质，制定适应市场变化的策略和行动计划。

其次，有意识学习数据分析工具使用，研究总结经典数据分析思路和方法。精通数据分析工具是职场竞争力的重要组成部分，能吸引有经验但数据分析技能不足的前辈合作，在协助团队成员进行数据提取和分析中学习经验、理解业务逻辑。价格运营贴近业务，数据分析揭示策略、运营和目标达成的关系，提升数据分析能力对价格管理专业能力提升有益。

最后，关注行业动态、阅读专业书籍是拓展认知边界、完善方法论体系的重要途径。产品型企业领域可关注小米、宝洁、名创优品等企业价格管理实践，零售商领域可研究沃尔玛、亚马逊、拼多多等企业策略方法，市场上有相关书籍的文章，如赫尔曼·西蒙的《价格管理理论与实践》、麦肯锡专家的《麦肯锡定价》（原书第2版）等。通过阅读能汲取前人智慧，为职业生涯创造更多可能。

简单来说，提升价格管理专业能力可总结为三步：一是从事价格运营工作了解业务；二是借助数据指标理解策略、运营和结果逻辑关系，形成全局观，学习数据分析工具，沉淀分析方法和数据解读能力；三是学习研究行业实践，构建方法论体系。

"价格人"的职业发展规划

国内价格管理专门岗位出现时间难确切追溯，保守估计从20世纪90年代初品牌制造商和零售行业设定价职位至今不过30多年，与采购、销售等岗位相比，价格管理岗位职业发展路径清晰度和规划性不足，多数企业将其纳入运营岗位职业发展框架管理。基于行业现状和个人观察思考，我为价格管理人员提供三条职业发展路径建议。

一是行业内纵向发展。追求职业稳定的从业者可深耕价格管理领域，按企业或行业内晋升路径逐步晋升，从初级岗位（如P4）升至更高级别，在有明确价格管理职位序列的企业，从业者职级和职位名称都会变化，如从价格运营专员晋升为高级专员、助理经理、经理、副总监、总监，直至副总裁（VP），体现专业成长和职业价值提升。

二是行业内横向发展。同行业横向拓展为寻求更大职业空间的专业人士开辟路径，从商品供应链管理维度拓宽视野，涵盖从价格管理到商家管理，再到供应链全链条管理。能力全面的价格管理人员要从企业成本、客户价值和市场竞争三个角度分析看待产品及企业经营，这样的人员往往也能成为优秀的产品经理，甚至是业务单元负责人。

三是跨行业垂直发展。渴望在价格管理领域发展的从业者，可通过深耕专业技能实现职业转型或跨行业发展，如成为价格咨询顾问，为企业提供价格策略和咨询服务，或转向航空、酒旅等行业从事收益管理工作，或涉足金融与人力薪酬规划领域。不同行业价格底层逻辑相通，但跨行业发展需具备专业能力和学习能力。

无论选择哪种职业发展路径，增强职业竞争力是关键。AI 技术发展带来变革，价格工作者和所有从业者都需培养开放包容的学习态度，积极拥抱变化，学习运用 AI 技术提高效率或实现转型，保持竞争力，推动个人和行业发展。

希望以上分享能为"价格人"的发展提供有益参考。只有价格管理从业人员发展得更好，价格管理行业才有更美好的未来。期待更多人加入价格管理行列，共同征服价格管理这座高山。

致　谢

从最初萌生写作的想法，到全身心投入创作，再到对书稿内容进行多次修改，直至最终打磨出一部完整的作品，这一路充满了复杂的情感与难忘的经历。当我回望自己的职业发展与成长轨迹，兴奋、感慨与苦涩交织在一起，涌上心头。

书稿进入后期编辑阶段时，我有幸参加了一场关于 AI 应用的培训讲座。会上，一位 AI 行业的嘉宾分享提及，在刚刚过去的春节假期里，他借助 AI 技术完成了 100 多本书的创作。听闻此言，我初感震惊，但稍作思考便意识到，这位嘉宾所提及的 100 多本书，与市场上那些经过严格筛选并正式出版的书，存在着本质的区别。

AI 大模型的快速发展和广泛应用，无疑极大地提高了人类收集和整理信息的效率，然而，AI 终究只是一种技术工具。若想通过 AI 技术产出真正富有原创性和价值的内容，归根结底仍然需要依赖原创的素材与创新的思维。

那些仅利用互联网上前人原创的内容，通过 AI 技术进行二次加工生成的所谓"书"，并不能被称为真正意义上的"书籍"。唯有基于作者自身独特的经历、丰富的经验，以及在现实生活中经得住考验的知识，经过精心梳理形成严谨结构，能够具体记录、解答或解决某一类问题的作品，才能真正被称为"书籍"。在重新审视内容创作本质的过程中，我愈发感受到身边人支持的宝贵，也更加坚定了对每一位帮助者表达感激之情的决心。

一本书，无论题材多么丰富多样，内容多么精彩纷呈，都凝聚着作者大量的心血，同时也承载着成书过程中周围人、事所给予作者的帮助与影响。这种帮助与影响并非局限于一时，而是贯穿作者整个职业生涯，甚至可以追溯到其人生的各个阶段。在此，我由衷地感谢在人生各个阶段所遇见的人和事，是你们塑造了今天的我，也成就了这本书。

如今，这本书能够得以出版并呈现在读者面前，我内心充满了感激。首先，我要衷心感谢我的太太，在我写作本书的过程中，她给予了我充分的理解与坚定的支持。

我还要诚挚地感谢林琛先生与王亦东先生，他们在百忙之中抽出宝贵时间为本书撰写推荐序。二位前辈不仅是我职业生涯乃至人生道路上的导师，更是我十分珍视的朋友，能在人生旅途中与你们相遇，我深感荣幸。在此，我衷心感谢你们给予我的鼓励与支持。

此外，我也要向好友伍煜先生、《运营之路》的作者磊叔，还有中信出版社的张飚老师致谢。在我创作期间，他们给予了我诸多鼓励与帮助。

最后，我必须特别感谢本书的责任编辑宋冬雪老师。在本书从筹备到写作的整个过程中，她凭借专业的素养、细致入微的态度和耐心的指导，为我提供了极大的助力。如果没有她的发掘与推动，这本书恐怕难以这么快与读者见面。同时，也要感谢清华大学出版社那些参与本书审稿和校稿工作，却素未谋面的老师们，感激你们的辛勤付出与无私奉献。

千言万语，最终凝聚成一句诚挚的感谢。再次衷心感谢每一位翻开本书的读者朋友。你们的支持与关注，是我继续创作的最大动力。

附录：内容延伸

商品价格管理的行业分类

在价格管理结构中，商品价格管理的行业分类相当于介绍不同类型的"人"。

价格管理实践分为"产品型企业"与"销售渠道"两部分，产品型企业又可细分为面向 C 端消费者的消费品与面向 B 端企业客户的工业品两类，销售渠道包括线下门店与电商平台。这种划分基于价格管理方法应用差异，而非实际商品流通链路（产品型企业与销售渠道在流通中是上下游关系，存在定价权博弈），如附图 1 所示。

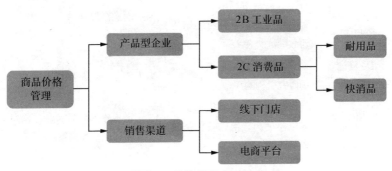

附图 1　价格管理应用细分

产品型企业作为产品品牌的拥有者，可分为面向企业客户的工业品（2B）和面向个体消费者的消费品（2C）。相较于消费品行业，工业品行业分销链路短、单笔订单金额大，多数工业品产品型企业采用直销模式对接终端企业客户（部分厂商为降低成本也发展授权分销商），其价格管理团队需处理大量订单维度的价格申请，评估调价合理性和价格优惠，销售激励策略以终端企业用户为对象。消费品行业依赖广泛的分销渠道服务消费者，价格管理团队要处理分销渠道价格申请、制定面向分销企业的销售激励政策和面向消费者的价格促销活动，还要应对与电商平台等强势销售渠道的定价权博弈。二者在定价与变价策略方面有相似之处，不过工业品行业市场价格透明度低于消费品行业，市场价格信息大多通过线下拜访获取。二者的价格管理实践对比如附表 1 所示。

附表 1　消费品行业与工业品行业价格管理实践对比

类型	消费品	工业品
定价方法	三种定价方法使用占比：价值定价＞竞争定价＞成本加成	三种定价方法使用占比：成本加成＞价值定价＞竞争定价
变价场景	以应对行业价格竞争为主	以一次性企业客户项目支持为主
销售激励对象和措施	通过返利与市场推广费支持激励销售渠道；通过促销活动激励消费者	通过返利激励终端企业客户与授权经销商
市场价格信息来源	技术方式采集＋向第三方市场研究机构购买	以人工方式采集为主
整体价格回顾/调整频次	整体价格体系相对稳定，一般以年度为频次进行价格回顾与调整	受上游成本影响较大，通常每半年整体回顾和调整价格

销售渠道主要包括"分销渠道"与"零售渠道"。多数消费品产品型企业构建多层次分销体系减轻资金和运营压力，该体系呈"树状"结构。在商品流通中，分销渠道商是产品型企业的资金和物流服务平台，产品型企业对分销商实行相对透明的渠道价

格政策，分销商通过扩大销售规模和获取返利盈利，多数情况下遵循产品型企业价格策略向零售商供应产品。零售商面临的价格管理挑战比分销商复杂，特别是大型零售商，尤其是综合类电商平台，它们倾向于直接与产品型企业建立采购关系，与传统线下商超相比，有品类多、商品数量大、消费者群体多元化且规模大、市场价格竞争激烈等优势，如附图2所示。

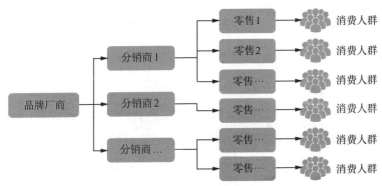

附图2 "树状"销售渠道结构示意

波特五力模型与SWOT分析法

波特五力模型

波特五力模型由迈克尔·波特于20世纪80年代初提出。该模型指出，市场竞争规模和激烈程度受五种力量影响，即供应商议价能力、购买者议价能力、新进入者的威胁、替代品的威胁和同行业竞争程度。这五种力量体现行业吸引力，且每种力量都有细分分析维度（附图3）。

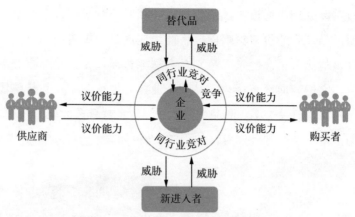

附图 3　波特五力模型五力之间关系示例

供应商议价能力是上游供应商对中间产品价格的影响能力，受供应商产品差异化程度、集中程度、企业转换供应商成本、企业购买份额占供应商总生意份额比例等因素制约。比如独家生产某手机处理器的供应商，因企业依赖其产品，议价能力强；若企业易找到替代品，供应商议价能力则减弱。在传统汽车制造行业，非核心配件的上游供应商议价地位低，部分强势汽车品牌会控制供应商利润。电商平台的成本管理机制也使生产同质化商品的供应商议价空间压缩。

购买者议价能力是下游消费者对产品价格的影响能力，其分析维度与供应商议价能力类似，受购买者集中程度、数量、转换成本、替代品情况和产品差异化程度等因素影响。如苹果手机市场独大时，消费者购买需额外付费或抢购，购买者议价能力低；而购买卫生抽纸等替代品多的商品时，消费者可"价比三家"，议价能力强。市场供需关系和产品差异化程度决定了供应商与购买者议价能力的高低，供大于求或产品差异小是买方市场，购买者

　　价格力——用 1% 的力量撬动利润与规模双增长

议价能力强；反之是卖方市场，供应商议价能力强。

新进入者的威胁指新参与者对现有市场份额和行业格局的影响。各行业都有准入壁垒，包括领军企业规模经济效益、产品差异化策略、资本投入需求、客户转换成本、分销渠道拓展难度、法律法规与监管政策要求等，这些是企业进入新领域的考虑因素。准入门槛低的行业，新企业会面临激烈竞争，触发市场机制。

替代品的威胁是替代产品对企业现有产品的潜在影响，取决于购买者转换成本和替代品性价比。替代品性价比高时，用户转换成本降低。新进入者和替代品的威胁面向行业内所有企业，企业受影响程度取决于自身实力，替代品是微观层面价格竞争的直接对象。

同行业竞争程度主要关注行业发展状态，包括行业增长速度、竞争集中程度、竞争对手市场份额、盈利情况以及可能的市场拓展、产品革新和运营策略迭代措施。

通常，除非行业格局大变，价格管理部门和其他部门依据波特五力模型观察市场动态，关注显著变化领域，如评估新市场参与者及其策略对市场格局的影响，考虑是否调整现有策略。全面运用该模型剖析行业竞争态势，多在企业进入新领域时进行，一般由企业战略研究部门主导，或借助外部专业战略咨询机构。

SWOT分析法

SWOT分析法是常用竞争分析工具，核心是对优势（Strengths）、劣势（Weaknesses）、机会（Opportunities）和威胁（Threats）进

行分析。SW 部分关注企业内部环境，从消费者视角审视主观因素，涵盖市场份额、品牌形象、销售效能、产品质量与特性、资金与技术实力、成本结构、组织与人力资源等。OT 部分侧重企业外部环境，考虑客观因素。机会分析关注新兴需求、市场空白、技术创新、产品迭代、市场环境变化和竞争对手失误等；威胁分析关注新竞争对手、竞品入侵、市场需求萎缩、行业政策调整等不利因素。基于 SWOT 分析结果制定策略，要发扬优势、弥补劣势、把握机会、应对挑战，注意外部因素对优势和劣势领域的影响。可使用象限图展示分析结果，为管理层决策提供依据，如附图 4 所示。

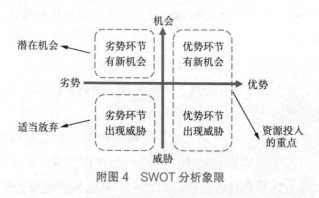

附图 4　SWOT 分析象限

企业通常先解决优势环节面临的机会或威胁，优势环节受威胁时要加强防御。如美团创始人领导境外外卖业务，同时美团积极应对抖音在本地生活业务的挑战。劣势环节中的威胁若影响优势环节，企业要重视并弥补短板；若无实质影响，可根据资源选择策略，甚至放弃竞争力弱的业务。劣势环节出现机会时，企业要谨慎评估是否投入资源将其发展为优势业务，如华为在消费电子领域的崛起。在竞争优势领域要巩固扩大优势，在竞争劣势领

　　价格力——用 1% 的力量撬动利润与规模双增长

域若有新机遇且资源允许，要积极培育新增长点，如拼多多百亿补贴频道的案例。

财务管理三张表与UE模型

从战略、策略到日常运营，价格措施会在企业经营数据中体现，并汇总到财务指标和报表中。价格管理人员需了解财务管理的三张表，理解 UE 模型经营逻辑有助于拓展价格管理策略视野。

财务管理三张表

财务管理的资产负债表、利润表和现金流量表为评估企业经营健康状况提供多维度视角。理解这三张报表中关键指标的含义及相互关系，对提升价格管理人员的全局经营视野意义重大。上市公司按规定披露财务报表，保障投资者权益，也为市场参与者提供竞争情报，这三张报表是企业内部管理基础和分析竞争对手的重要信息渠道。

资产负债表反映企业特定日期的资产、负债和所有者权益情况，是企业经营活动的静态体现，三者关系为：资产 = 负债 + 所有者权益，如附图 5 所示。

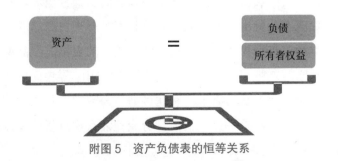

附图 5　资产负债表的恒等关系

资产是企业过往交易或事项积累的能带来经济利益流入的资源，包括现金、应收账款、存货、生产设备、厂房等，可分为固定资产和流动资产。流动资产用于日常运营，其充裕程度影响短期偿债能力和运营效率；固定资产是长期生产经营的物质基础。分析资产负债表的固定资产和存货数据，可了解竞争对手生产经营模式和产品市场流转速度，据此调整价格策略。负债是企业过往交易或事项产生的预期会导致经济利益流出的现时义务，包括借款、债务、提供产品或服务承担的资金责任等，可分为流动负债和长期负债。通过计算流动资产与流动负债的差额或比例评估企业短期偿债能力，还可关注速冻资产与流动负债的比值（速冻比率）这一关键指标。所有者权益是企业资产扣除负债后归属于所有者的权益，包括实收资本、资本公积、盈余公积、未分配利润等，上市公司股票价格与所有者权益中的盈余公积和未分配利润增长相关，企业业绩稳健增长，所有者权益才会增加，股价才有上涨基础。解读资产负债表可了解企业资源使用状况，评估和预测企业长短期偿债能力、经营健康状况和发展趋势。

利润表详细描述企业特定会计期间的经营绩效，与价格管理关联紧密。利润表由收入、成本费用和利润三部分组成，利润是收入扣除成本及费用后的结果。企业收入主要来自商品或服务销售，成本涵盖与销售和服务直接或间接相关的支出。产品型企业成本包括原料采购、广告宣传、分销促销等费用；零售商成本主要是商品采购和促销活动成本。利润可细分为毛利、营业利润（息税前利润）、税前利润和净利润，部分企业还有税息折旧及摊销前利润，如附表 2 所示。

附表 2　某企业 2023 年利润表示例

某企业利润表（截至2023年12月31日）单位：元			
项目	支出项	收入项	占销售额%
销售收入 = 单价 × 销量		5000000	100.0%
销售成本 = 商品采购价 × 销量	3500000		70.0%
毛利		1500000	30.0%
毛利率		30.0%	
其他成本项（减项）			
广告宣传	100000		2.0%
促销活动	100000		2.0%
工资	300000		6.0%
租金	50000		1.0%
行政费用	20000		0.4%
厂房、设备分摊折旧成本	200000		4.0%
	770000		15.4%
营业利润		730000	14.6%
营业利润率		14.6%	
减项：利息费用	130000		2.6%
税前利润		600000	12.0%
税前利润率		12.0%	
减项：各种税	300000		
净利润		300000	6.0%
净利润率		6.0%	
税息折旧及摊销前利润		930000	18.6%
税息折旧及摊销前利润率		18.6%	

价格管理部门通常负责毛利指标，涉及价格促销策略的企业，价格管理部门还要对价格促销活动的 ROI 负责。采购价包括商品采购单价和与直接采购相关的其他费用分摊（COGS），不同商业实体采购成本考量不同，价格管理人员需清楚成本构成。利润表是价格决策的重要内部依据，能反映价格管理措施的成效，深入分析可了解企业盈利状况，评估经营风险。

现金流量表反映企业一定时期内经营活动、投资活动和融资活动对现金及现金等价物的影响。经营活动现金流量涉及企业日常业务运营的现金流入和流出，投资活动现金流量关注长期投资领域的现金动态，融资活动现金流量反映借债和股权融资的现金流入和流出。现金流量表是连接资产负债表和利润表的纽带，利润表的收入与费用核算依赖现金流，资产负债表的货币资金项目通过现金流量表展示现金流情况。利润表净利润按权责发生制计算，不考虑现金流实际变动，现金流量表按收付实现制记录，对比两者可评估企业利润质量。价格管理者要从宏观角度制定和调整策略，需敏锐捕捉价格机遇，企业内部财务报表是重要决策依据。基于资产负债表和利润表的杜邦分析体系可帮助理解盈利状况，指明优化财务结构和提升经营效率的方向，管理者还可创新支付方式提高收益质量。

UE模型

UE 模型是新兴行业起步阶段烧钱补贴的经营逻辑，以企业最小运作单元分析收入和成本。如电商平台企业以一件商品为最小运作单元。

企业业务发展初期需投入大量固定成本用于团队组建和基础

能力建设，按传统总成本利润核算方式易亏损。但随着销售规模扩大，销量增长使议价能力增强、运营效率提升，毛利终将覆盖固定成本实现盈利。所以在 UE 模型下，新业务发展初期只要收入能覆盖变动成本，暂时承受阶段性亏损从长远看仍有利可图，这是新行业竞争初期采用补贴策略的原因，企业能为新业务提供的成长期取决于资本市场。

UE 模型其实就是单位边际贡献概念，即价格减去单位变动成本，结果大于零时，超出部分补偿固定成本投入。

以开设小型超市为例可解释 UE 模型逻辑，从表格数据可看出超市不同季度的售价、采购价变化及盈亏情况。

假设要开设一家支持外卖的小型超市，以一年为运营周期。这一年预计要承担租金、员工薪酬、水电费等固定支出共 36 万元人民币，即月均固定成本约 3 万元。为方便理解，将超市所有商品的采购价格与销售价格都取平均值。具体情况是：第一季度（1月至 3 月）平均售价 30 元，平均采购价 20 元；第二季度（4 月至6 月）平均售价降至 28 元，采购价不变；第三季度（7 月至 9 月）平均售价再降至 26 元，同时采购价降至 18 元；第四季度（10 月至 12 月）平均售价 25 元，采购价 16 元。超市每月的销售量及盈亏状况见附表 3。

附表 3　UE 模型分析盈亏示例

单位：元

月份	销售价格	采购价格	销量	固定成本	UE模型月盈亏	传统模式月盈亏	传统模式累计盈亏
1月	30	20	1000	30000	10000	−20000	−20000
2月	30	20	2000	30000	20000	−10000	−30000
3月	30	20	2000	30000	20000	−10000	−40000

月份	销售价格	采购价格	销量	固定成本	UE模型月盈亏	传统模式月盈亏	传统模式累计盈亏
4月	28	20	3000	30000	24000	−6000	−46000
5月	28	20	4000	30000	32000	★2000	−44000
6月	28	20	5000	30000	40000	10000	−34000
7月	26	18	7000	30000	56000	26000	★8000
8月	26	18	8000	30000	64000	34000	26000
9月	26	18	10000	30000	80000	50000	76000
10月	25	16	15000	30000	135000	105000	181000
11月	25	16	18000	30000	162000	132000	313000
12月	25	16	18000	30000	162000	132000	445000

其中，"UE模型月盈亏"是按UE逻辑（收入减去变动成本）计算出的当月盈亏结果；"传统模式月盈亏"是按传统利润计算方式（收入减去总成本）得出的当月盈亏情况。从表格数据可看出，超市4月采取降价策略促销量增长，5月按传统盈利计算方式实现月度盈利2000元。随着销量持续增长，超市7月成功让供应商降低采购价格，该月按传统盈亏计算方式累计利润达8000元。到12月底，超市全年累计利润44.5万元人民币。

UE模型背后的经营逻辑助力不同行业巨头奠定市场地位。